题　献

　　献给汉娜珂（Hanneke），社交场合或者家庭聚会，我的思绪总是飘到这本书上……

　　感谢有你了不起的耐心。

声誉管理丛书

THE ALIGNMENT FACTOR
leveraging the power of total stakeholder support

协同力
——打造利益相关方全面支持的优势

[荷] 塞斯·B.M. 范瑞尔 著
Cees B.M. van Riel

潘少华 译

中国社会科学出版社

图书在版编目（CIP）数据

协同力：打造利益相关方全面支持的优势/（荷）范瑞尔著；潘少华译.—北京：中国社会科学出版社，2015.12

书名原文：The Alignment Factor：Leveraging the Power of Total Stakeholder Support

ISBN 978 - 7 - 5161 - 7396 - 1

Ⅰ.①协…　Ⅱ.①范…②潘…　Ⅲ.①企业管理—研究　Ⅳ.①F270

中国版本图书馆 CIP 数据核字（2015）第 296546 号

出 版 人	赵剑英	
责任编辑	卢小生	
责任校对	周晓东	
责任印制	王　超	
出　　版	中国社会科学出版社	
社　　址	北京鼓楼西大街甲 158 号	
邮　　编	100720	
网　　址	http：//www.csspw.cn	
发 行 部	010 - 84083685	
门 市 部	010 - 84029450	
经　　销	新华书店及其他书店	
印刷装订	三河市君旺印务有限公司	
版　　次	2015 年 12 月第 1 版	
印　　次	2015 年 12 月第 1 次印刷	
开　　本	710×1000　1/16	
印　　张	16.75	
插　　页	2	
字　　数	281 千字	
定　　价	49.00 元	

图字：01 – 2015 – 5868 号

The Alignment Factor：Leveraging the Power of Total Stakeholder Support （ISBN：9780415690751 ） which is authored/edited by Cees B. M. Van Riel

声誉：文明的标识

随着人类社会不断进步，声誉正成为衡量一个国家、地区、企业乃至自然人文明程度的重要标志。在市场竞争中，声誉标识商业机构美誉度的好与坏、展现其综合实力的强与弱；在社会治理中，声誉体现主流价值观认同度的高与低、反映治理者公信力的多与寡；在全球化时代，声誉映射国家、经济、社会、文化融合的快与慢、发展前景的盛与衰。

声誉思想是一个远比品牌古老得多的概念，也同样不是舶来品。出生在一个拥有古老文明历史的国度，中国人对于声誉的理解、诠释、探索和表达也是世界上最全面、最深透的。中国的文字仅"声誉"字面的解读就比其他语言要多维且厚重；而在儒家亚圣孟子的《离娄上》、管子的《桓公问》、司马迁的《史记·三王世家》、颜之推的《颜氏家训》等著述中我们发现了不少声誉思想闪动的光芒。关于声誉的通俗表述，在中国社会更是不胜枚举，体现和贯穿于"得民心者得天下"的历史观，"先声夺人"的战略意识，"众口铄金"的舆论效用，"名正言顺"的行事风范，"名副其实"的现实主义态度，以及"众望所归"的理想境界与精神追求，等等。

不过，作为一门学科和技能，声誉管理最终还是在欧美得到了全面而深入的发展，并率先运用到商业管理的实践当中。以美国纽约大学斯坦恩商学院教授查尔斯·J. 福伯恩博士和荷兰鹿特丹管理学院教授塞斯·B. M. 范瑞尔博士为首在20世纪80年代开始致力于声誉研究为标志，来自不同学科和领域的学者、专家、跨国公司高管都在声誉研究和实践中做出了积极而有效的尝试和探索，取得了丰硕的成果。以战略管理为立足点，广泛汲取经济学、社会学、心理学、伦理学、美学的原理，融合传播学、市场营销、公共关系、新闻、舆论、品牌、设计等交叉性学科以及人文艺术学科和自然科学的研究成果，声誉管理逐步发展成为西方政治、经济、商业各界有效认识、协调、整合、重构与市场和社会之间的关系与资源，拓展自身运作能力和发展空间、化解危机和降低风险、赢得信任与支持的一门综合性学科与技艺。

由此，福伯恩博士与范瑞尔博士于 1997 年在美国纽约大学斯坦恩商学院联合创办的声誉研究所（Reputation Institute）应运而生。今天，研究所已经发展成为一家跨越 30 多个国家的战略管理研究与咨询机构；汇集了当今世界最负盛名的声誉、品牌、传播管理专家。在学术领域，研究所当之无愧地成为声誉管理学科的缔造者并通过教学和培训不断深化声誉管理理论的研究和传播；在战略管理实践中，研究所开发了关于国家、城市和企业声誉的大数据、模型和指数的应用，出版多部畅销专著；成为世界著名企业、公共机构、政府、国家声誉战略研究与咨询的第一智囊。

人类 21 世纪是一个信息大爆炸的时代，人类传播的方式变得极其多样化，传播手段更加便捷，彻底改变了以往信息不对称的格局，对于商业、社会、政治、文化、意识形态、信仰、社会信任、市场竞争的冲击格外剧烈。物理的、意识的传播技术作为人类发展的一种物质和认识基础某种程度上已直接参与主导人类交往的过程、状态和结果，深刻影响着人的生活观念与方式，甚至可以左右公众行为和社会发展的价值取向。在这样的时代背景下，我们认为，声誉在政治、经济、文化等各领域已上升为核心战略议题，而且对于声誉的竞争将超越以往任何形态的竞争。的确，现代文明社会，企业、地域、市场、国家乃至文化、民族、意识形态之间的交往与融合、较量与制衡归根结底在于多大程度与多大范围赢得利益相关群体的认同与支持。国家发挥外交软实力、地域发掘文化感召力、市场提供制度吸引力、企业运用品牌影响力，其实质都是在开发声誉资源、提升声誉竞争的优势。

通过多年的研究，我们发现：企业声誉、地域声誉、市场声誉、国家声誉互为交融、互成因果。政府声誉是建立并完善市场声誉的必要前提。良好的政府声誉不仅强化市场声誉，而且还能够强化企业声誉和地域声誉。市场声誉是衡量市场化程度的最为有效的标识，是对内建立稳定的经济秩序、对外确立平等、开放国际贸易地位的最为核心的非制度性保障。健全的市场声誉要求独立的企业制度、有效的市场竞争、良好的社会信用、健全的法制基础、规范的政府职能。由此，我们认为，发展中国家市场声誉薄弱是直接限制其财富创造与承载主体——企业与地域发展力度和空间的根本缘由。

在经济全球化和信息化的推动下，中国市场已经成为世界最重要的国际性市场之一，中国市场导入声誉管理战略与管理体系也是大势所趋。为此，声誉研究所自 2006 年起就致力于将国际最先进的声誉管理理念与方法引进中国，并积极推动中国的学者与管理者参与到声誉研究所的平台上来，与西方声誉管理的同行磨砺、切磋。我们真诚地期望，在结合西方成熟管理经验和深入吸取中国管理思想和文化精髓的基础上，共同创造出具有中国特色的声誉理论与实践；同时，为声誉管理学科的深入发展提供全新的视角与内涵。

感谢中国社会科学出版社的同心协力。此系列丛书汇编和出版是我们双方推动中外管理科学和管理实践的深度交流与融通的一次共同努力与实践。

潘少华博士

声誉研究所合伙人、大中国区董事总经理

2015 年 5 月于北京

协同力，为企业创造价值的又一核心功能

基于多年直接为跨国企业提供战略咨询的经验和作为一位企业传播教授的研究积淀，塞斯·B. M. 范瑞尔教授与他志同道合的伙伴查尔斯·J. 福伯恩教授的合著《声誉与财富》和《企业传播原理》已先后登陆中国市场。今天，范瑞尔教授的又一部近作——《协同力》终于与中国读者见面了。此书2012年由英国罗特里奇出版社出版，在业界广受好评。

从企业战略和传播的角度看，此书的突出贡献有以下几个方面：

首先，随着移动互联经济时代的来临，市场竞争日趋激烈，企业利益相关方诉求的不确定性加大、变化加快，使既有的企业的生存环境的复杂性加剧。企业如何快捷地与众多利益相关方构建互利共赢的机制与平台成为21世纪企业生存和发展的首要议题。在此背景下，范瑞尔教授极富创见性地提出：协同力对于整合公司内外资源、协调企业利益相关方关系以达到统一是不可或缺的管理利器。而以往，协同虽然也被视为现代管理学中一种重要的管理方法和运作手段，但尚未有人赋予其如此高的战略地位和价值创造的作用。

其次，作为对于《企业传播原理》的呼应，范瑞尔教授将创造和维护企业协同力的功能明确无误地认定于企业传播的职能上。他大胆地指出，企业之所以拥有"运营执照"——企业最宝贵的资产，既依赖良好的企业业绩，同时也依赖良好的企业传播。他强调只有两者并举才能为企业赢得最佳的成效。

最后，范瑞尔教授将实现企业协同力进一步演绎成为一般企业通用的执行流程并对其做了有益且有趣的细致梳理。如此工具化处理极大地强化了创建和维护企业协同力的可操作性，为富有经验的企业管理者提供了一套可行的实施模式。

另外，书中关于企业战略协同力的案例都是出自范瑞尔教授自己为跨国企业提供战略咨询服务的经历，真实、鲜活。从这些成功的或者不那么成功的实例中，我们更容易结合自己企业的实际情况，快速形成协同战略的运作思路。

协同力是企业价值创造的核心功能之一。开章明义、通俗易懂是范瑞尔教授著述的一贯风格。对于具有战略思维的企业家和创新创业梦想的青年来说，这是一部需要在实践中加深体会的管理工具书。

定音之作（代序）

现代企业行舟在日益汹涌的竞争洪流和日益萎缩的拓展空间中，近旁涌现的是形形色色的人和机构。他们或者对公司成功之果势在必得，或者对公司的生意饶有兴趣，也可能对公司的存在大肆批驳。这些"利益相关方"（stakeholder）包括雇员、顾客、投资者、金融分析师、政府官员、当权者、自发的倡议组织以及最不可忽视的媒体。企业能够顺利执行并成功实现战略目标的重要因素之一就是"协同力"，而构建协同力的关键在于赢得这些利益相关方的支持，或者仅仅是让他们保持中立。

在《协同力》一书中，塞斯·B. M. 范瑞尔博士提出，只有不凡的企业传播技巧才能赢得利益相关方完全的支持。通过一系列基于实际案例研究的学术研究（其中包括来自我所工作的联邦快递公司的案例），范瑞尔向我们展示为了说服利益相关方与企业目标协同，或至少令他们不激进反对企业，所需要采取的措施。同时，他预言来自利益相关方这个统一体的全面支持将为企业赢得"不受限的运营许可"（unrestricted licence to operate）。

这张无形的许可证却发挥着强大的有形效力：管理机构偏爱企业，顾客忠诚于企业的产品，媒体为企业赢得好名声，内部职工凝聚于企业战略，使之得以顺利、高效地盈利。

范瑞尔博士以此书再一次强调了企业传播学的重要性，作为该学科的从事者，我感到由衷的喜悦。也就是十几年前，企业传播依然被一线高级主管们（line executives）看作是无足轻重的部门，其职能无不是将企业守则传达给员工，就是打发狗仔。相比于市场、法务、人力资源及其他部门，"公共关系"的引力就跟月亮差不多大小。

时代的洪流和范瑞尔等人先前的学术工作推动着这门学科的发展，不少龙头企业开始关注企业传播的效用，传播的本质引发着一线经理（line manager）对该效用的思考。作为荷兰伊拉斯谟大学鹿特丹管理学院企业传播学的教授，范瑞尔以其在企业声誉和战略协同领域的杰出研究而蜚声国际。由他开设并牵头的决策科学硕士作为企业传播学中首屈一指的项目吸引着全球各大企业的高层。

1997 年，范瑞尔与时任纽约大学教授的查尔斯·J. 福伯恩一起创立了声誉研究所。福伯恩如今作为某机构的副主席依然活跃在企业声誉的研究评估领域，为企业如何在复杂的利益相关方群体中经营声誉出谋划策。我曾参与声誉研究所成功改善联邦快递公司的内部协同力的活动，对于它的实际价值毫不怀疑。声誉研究所架起了连接商业社区和学术社区的桥梁，并为范瑞尔赢得了 IPR（Institute for Public Relations）2011 年度开路者终身成就奖（Pathfinder Life Time Achievement Award）的殊荣。

范瑞尔博士著作颇丰，曾为一批管理学和市场学方面的顶尖期刊撰文，也曾出版企业传播和声誉方面的书籍，值得一提的是，2007 年由 Routledge 出版社出版的《企业传播原理》。作为一本定基调的著作，这本《协同力》将传播学推向了一个新的高度。范瑞尔借此书确定了利益相关方全面支持的内涵，详尽地阐述了这种支持是如何得到的，应该如何加以利用，于掌控者的具体益处有哪些。

建立内外部的协同需要满足不同的需求，采取有针对性的方法，每一步都是全新的挑战，《协同力》一书通过对此的解答为读者提供了一个细致而又全面的框架。范瑞尔提出两种形成协同的方法：谈判型（协商类型）和对峙策略。大部分企业会选择将对话和共识手段建立在谈判型基础上，而范瑞尔突破性展示了包括诉讼、游说，积极公开反对利益相关方的不满（grievance）在内的回应手段策略的成功应用。

范瑞尔长期为全球企业高层提供咨询服务，为专业传播师、企业高级领导提供建议、案例和前进方向。他曾说过，"企业传播必须先谈企业，再谈传播"。范瑞尔始终践行这一信条，并以此诠释这一学科与主流新闻业和其他形式的传媒的不同之处，即商业传播者必须帮助企业决策层保持信念和要求不在利益相关方变化无常的看法和行为中随波逐流。他坚信企业的资深传播执行官应和首席执行官、首席运营官、法务主管、市场主管、人力资源主管和其他重要部门主管同等享受在企业核心领导团队中的一席之地。

作为一门"说"的艺术，现代企业传播技巧发源并扎根于韵律学，它将说服与战略意图完美融合，回归于资本和协同力，最终保护企业的无价之宝——声誉。在《协同力》一书中，塞斯·B. M. 范瑞尔将再一次为我们呈现这一奇妙过程。

比尔·马格里提斯（Bill Margaritis）
联邦快递首席传播长官

简　介

在生活的方方面面，好印象的重要性永远不会言过其实。在商业中，塑造于己有利的形象更是达成战略目标的关键。顾客、记者、博主、投资者、政府以及其他团体都与机构运营表现息息相关。有说服力地传达企业的道德关怀和社会责任感可以迅速地将这些利益相关方拉入己方阵营。

通过真实形象的案例，《协同力》一书旨在指导如何制定实施调动利益相关方的战略，并着重分析雇佣传播学（communication）专家作为运营中流砥柱的机构。范瑞尔教授将解密一种主导性的逻辑是如何在企业决策层中生根发芽，并影响着为建立信任所做的传播交流的方式。

本书对于实际效用的洞见在谷歌、联合利华、巴克莱的案例中都可窥见一斑。这种实际可操作性使得本书适合作为公共关系（public relations）、声誉管理（reputation management）专业的 MBA 课程和其他研究性课程用书，同时也适合全球有思想的经理人阅读。

塞斯·B. M. 范瑞尔（Cees B. M. van Riel）是荷兰伊拉斯谟大学鹿特丹管理学院的企业传播学（corporate communication）教授。他的其他著作包括 2007 年由 Routledge 出版社出版的《企业传播原理》（*Essentials of Corporate Communication*）。

目　　录

图目录

表目录

拓展案例

前　言

不论来自公司或机构的内部还是外部，重要利益相关方的全力支持始终指引着组织前进的道路。内部员工的支持体现在其高涨的工作热情中，这一热情催生生产力，优化财务表现。同样，与外部世界的稳定联系也是无价之宝。当外部利益相关方的看法与公司的战略意向趋同，利益便显而易见。举例来说，双方一旦建立可信任的合作关系，机构就能从贷方得到更低廉的资本，供应商和承包商的手续费也会更低；企业以理想的职场吸引人才，产品便会销路广、口碑好。在社交媒体时代，这对企业而言至关重要。最重要的是，当利益相关方是当选的机构官员和管理者时，他们的赞许将为机构的发展赢得可持续的、不受限的"运营许可"。

以上就是我所说的"协同力"，即公司与其重要利益相关方之间达成的互利关系，这一关系助力企业完成规划、实现目标。最优情况下，重要利益相关方的全力支持将推动协同力。支持包括：企业员工辛勤工作以实现企业战略目标；政府新政出台，鼓励行业发展；或者仅仅是外部倡议组织失去竞争兴趣或反对情绪低迷。协同力和利益相关方的支持组成了公司营运军火库里最有力的武器，为打开市场，销售产品添砖加瓦，公司由此得以兴旺。

本书将探讨经理人该如何通过与直属行政领导之间协商手段来规划路线，协调机构内外利益相关方，并由此建立组织关系。人与人之间的关系开始于获得另一个体或组织对自身存在的认同，并对其产生积极的吸引力，而维持这种关系需要双方认识到其中的互利性。与此类似，维护机构与其相关者之间的关系也是一个长期不断的过程，其中传播交流是机构得以长期繁荣稳定的关键。

实际上，精湛的企业传播技巧是建立全面的利益相关方支持和协同的基石，它包括创造力、纪律以及使用如关键绩效指标一类的大量管理工具。本书将结合一系列案例，说明高效的说服技巧必须在企业高管及其领导团队的积极统领下，与整个机构有机结合。

后续对于其实际效用的洞见一方面来自荷兰伊拉斯谟大学鹿特丹管理学院的一批国际学者对声誉管理和员工协同领域的学术研究，另一方面来自于声誉研究所十年来对 41 个国家、2500 多家企业的调研，以及提供给跨国企业特有的员工协同力调研。在此，我诚挚感谢伊拉斯谟大学和声誉研究所的同事，尤其是鹿特丹学院企业传播中心（Corporate Communication Centre）的 Marijke Baumann、Guido Berens、Majorie Dijkstra、Mirdita Elstake、Ahong Gu、Mignon van Halderen、Patricia Heijndijk、Joke van Oost、Edwin Santbergen、Marjon Ullmann 和 Yijing Wang；声誉研究所的 Brian Craig、Charles Fombrun、Kasper Nielsen、Nicolas Trad、Ana Luisa de Castro Almeida、Marcus Dias、Beverly Nannini、Fernando Prado、Jussara Sant'Anna Belo、Natalie Elliot、Dominik Heil、Loren Schneid、Anthony Johndrow 和其他协助我完成此书的朋友。另外还有一批企业代表们，他们为此书提供了大量的思路、文本和图例，其中有联合利华（Unilever）的 Richard van der Eijk、荷兰美素集团（Friesland Campina）的 Frankvan Ooijen、荷兰皇家 KPN 电信的 Hans Koeleman、巴西石油公司（Petrobras）的 Eraldo Carneiro da Silva、西班牙天然气公司集团（Gas Natural Fenosa Group）的 Secundino Muñoz Velasco、企业卓越声誉领导力中心（Corporate Excellence Centre for Reputation Leadership）的 CEO Angel Alloza、TNT 快运的 Peter van Minderhout、飞利浦（Philips）的 Jules Prast 和 Andre Manning、任仕达（Randstad）的 Frans Cornelis、联邦快递（FedEx）的 Bill Margaritis、强生（Johnson & Johnson）的 Ray Jordan 和 Craig Rothenberg、孟山都（Monsanto）的 Jerry Steiner、荷兰国际集团（ING）的 Karen Beuk、巴西伊塔乌银行（Itaú）的 Paulo Marinho、达美劳埃德（Delta Lloyd）的 David Brilleslijper、荷兰 Eneco 的 Jeroen Overgoor 和 Jolanda Ravenek 以及南非电力公司（Eskom）的 Khumo Mohlamme。最后，我还要感谢 Jay Stuller，没有他就没有这本书正确、清晰的语言。

我尽量避免过多使用大量的理论说明和错综复杂的数据，而是尝试常见于管理课程的风格：以事实为基础、扎根于研究，希冀提供有益于执行官、管理者以及传播人员的观点和见解。欢迎在网站 www. corporate communication. nl∕publications 上留下评论和指正。

塞斯·B. M. 范瑞尔

布雷达，鹿特丹

2012 年 3 月

1 企业传播协同利益相关方

    所有高瞻远瞩的经理人都有一个共同特点：把想法付诸行动，从而成就愿景的强烈渴望。战场上伟大的将军、赛场上常胜的教练、商场上令人景仰的首席执行官（CEO）们都有窥见独一无二的战略并调动全员为之奋斗的能力。然而，没有与企业生存息息相关的主要利益相关方的支持，再精心设计、精细计算的战略也不过是纸上谈兵，或者注定是个失败。

    与利益相关方的协同也许是企业经营中最关键的一环，而利益相关方完全的支持则是它的最强形式——为企业打开市场提供价值不菲的筹码，赢得政府在商业上的支持，减少不必要的麻烦。但是，通往光明的道路总是漫长、曲折、坎坷的，选错了道路就可能将企业引上歧途。因此，我提倡制定通往协同的路线图，以下谈到的大部分的创意和流程将是帮助企业制成那幅路线图的关键元素。

    大型企业的生意涉及社会的方方面面，因此拥有无数的利益相关方，很多利益相关方实际上只是几十年前才被人们认识到的。因此，协同员工、投资者、顾客、财经类媒体、当选官员和监管者的必要性也就显而易见。如今，这张协同名单上又多了对企业失职行为明察秋毫的自命倡议团体（self-appointed advocacy group）、生意伙伴及承包商、不间断运营新闻（news cycle）的大众媒体，以及通过社交媒体沟通的个体所汇聚成的一股力量——他们动动手指就能让一点牢骚像病毒一样传播。虽然企业拥有品牌带来的承诺，但企业最珍贵的资产——声誉，却掌握在内部和外部利益相关方的手中。

    协同意味着与利益相关方建立一种关系，在这种关系中，双方至少具有倾听对方论述的意愿，以一种互利共赢的方式评估参与辩论的双方论点的优劣。创造协同的终极价值是为顾客、股东和雇员增加一个被企业认为的"附加值"（added value），通过创造企业内部、企业和关键外部利益相关方之间的协同（synergy）来实现这种"附加值"。建立有效的协同需要高级行政长官精心安排财务、市场、采购、人力资源、信息技术以及也许是最重要的——来自企业传播经理的合作。

本书的重点是强调传播在建立和维护协同中的作用，企业传播经理对一个组织的贡献良多，通过选取最有吸引力的信息，企业传播经理说服内部和外部听众对一段有益的关系持开放态度。传播经理所起草的信息一定要和企业的总体战略目标相符，同时要兼顾到关键利益相关方的期望。

由此，传播经理们处在一个"分裂"（schizophrenic）的位置，他们需要平衡企业内部统治集团的（一小撮实际掌控公司、确定航向、规定不变的价值标准和公司文化的个人）利益和需求与外部团体的愿望和信念。合格的传播执行官（communication executive）应具备向最高管理层人员提出严肃、坦率，有时甚至是大胆的意见的魄力。因为员工意见可能存在潜在的分歧，或者关于声誉的外部议题可能是有争议的。此外，为了做到真正的"高效"，传播执行官的专业技能应该与一名商业咨询主管相当，否则他将无法得到 CEO 和其他一线主管的尊重。同样，CEO 需清晰地认识到企业传播既不是微不足道的工作，也不是次要的工作，实际上，它对企业成功的作用可能等同于一款新产品或者一个生产率高的工厂。

传播功能有两个突出的作用：第一，帮助行政首脑制定协同路线图，一组全公司都要遵循的清晰和系统的步骤，走上一条与内外部利益相关方协同的道路。关于这张路线图应包含哪些要素，应如何制定、如何诠释、如何管理的问题将在本书的后续章节进行讨论。简言之，路线图并非一朝而成，过程中需要安排停留点以收集情报、分析情报、制造信息、传达信息，不断重复以上过程。要想在当今的公共世界中建立协同，大型企业不可避免地要进入 40 年前可能闻所未闻的疆土，因此在使用自身极有条理性的线路图时，应注意灵活性。

传播功能第二个突出的作用在于，随着协同的形成，尤其是与外部利益相关方的协同的形成，企业将获得所谓不受限的"运营许可"，它是好声誉无形的副产品，是企业总体表现的反映，是传播部门对达成企业使命的贡献。

抽象地说，这张"运营许可"象征企业获得并维护与社会中"许可颁发者"们的良好关系的能力，而不是一张钱包大小，带有公司照片、身高、体重、年龄的卡片。在这种情境下，"许可"的内涵包罗万象。但是，从赢得政府的证照、特许权、合同的角度看，"运营许可"一词就变得切实并具有法律效力，没有这张许可，企业就要关门大吉。非直接的利益相关方若是掺和公司的运营，或者在消费者中引发负面情绪，公司虽不至于倒闭，但必定受创。为了落实社会和法律所提供给机动车驾驶者特权的类比性[①]（analogy），机动车驾驶者如果被确定在醉酒的情况下驾驶，他就可能被吊销执照，或者丧失在夜间驾驶的权利，或者只能在上下班途中驾驶。同样，持相反意见的利益相关方的关系会限制企业许可的效用。

一张不受限的许可之于企业就像好名声之于个人，都是最无价的资产。对于想要得到或者更新这张许可的企业，如图 1-1 所示的将是协同路线图上要添的第一笔。将这张图转成语言就是：企业外部传播的成功来源于企业组织上的卓越绩效乘以出色传播除以企业运作的社会情境。

$$\frac{卓越绩效 \times 出色传播}{社会情境} = 运营许可$$

图 1-1　运营许可的诞生

以上所展示的企业传播相互作用原理的出发点与十几年前大不相同。企业总是将政府关系的重要性挂在嘴边，又时常将它看作是无意义的消遣，挡在公司和媒体、公司和顾客的牢骚之间一块"必要有余，效力不足"的缓冲板。几十年来，太多的企业首脑似乎怀有一种虚妄的想法：员工能有一份工作就应该谢天谢地了。总的来说，即使被告知企业的战略目标，他们明不明白自己对公司的贡献，于工作也是不必要的。

如今，就所有生意事项与员工传播几乎已经成为大型运营的重要环节。因此，成功地完成传播执行官的角色需要具备对企业的深刻认识以及对内外部利益相关方想法的了解。

对于传播学这门学科，我最喜欢的口头禅是"传播执行官的角色首先是在企业，其次才是在传播"。我想表达的是，在与直线行政长官们协作绘制通往"不受限的运营许可"路线图时，传播经理需要对生意本身有总体的认识，并且将生意的需求放在传播部门之上。构思要传达的信息

---

① 这里所说的类比性应该是指一种抽象性特权的广延性。即机动车驾驶者所拥有的特权在社会其他领域也可以有相似的特权。要保证这种类比的合法性，就需要本书后面提出的对违法的惩罚。——译者注

固然重要，但传播执行官的职责远大于一个编信息的、画图画的角色。传播的策略性行动依托于企业的战略目标，因此企业是重中之重，其他传播因素紧随其后。

战略路线图形成，之后的实施常常牵涉重组部门、调动工作、招贤、裁员甚至是淘汰整个部门。在不破坏一个新项目价值的前提下完成这样的变动就需要"变革管理"咨询师的协助。所有的物质的和心理的改变都是需要通过有效的企业传播来实现的。企业传播中建立协同的三个起始要素如图 1-2 所示。

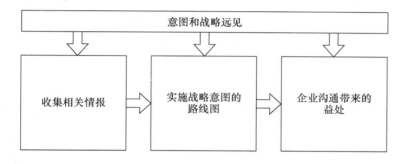

图 1-2 企业传播中建立协同的三个起始要素

起始要素 1：收集相关情报

企业收集情报的方式多种多样，同时需要不同部门的专家协助来完成。这些专家通常能够识别出对其所在部门最有价值的信息。研发部门重点在于找出最能改善企业产品和流程的技术和科学理论，法务部门密切关注当下的立法提案，市场部门把握消费者习惯和新生需求方面的改变动向。企业传播执行官则需要从企业整体出发，关注更广泛的信息。其下属的企业传播经理们则需要细致地把握利益相关方对企业的看法。从员工和外部团体那里收集到所需的情报是一件耗时耗资的事。

收集外部情报分为两个层次：第一，持续地关注与企业有关的社会议题和外部对它的看法。这样做的目的在于要理解关键利益相关方对于一个组织的整体战略和目的的反应。收集的信息被用于辅助公司自身定位的决策制定和调整，以适应于金融分析师、政府、潜在雇员这些利益相关方之间关系。第二，需要收集这样的信息以便与有着特定战略目标的利益相关方建立协同。这些战略目标是企业总体远景和意图的延伸。

企业新计划的顺利实施仰仗着利益相关方的一致同意，至少也是对企业的公开声明保持中立态度。无论在战略实施前还是实施后，预测关键外部听众的信念和期望需要在情报收集方面进行大量的投资。大企业的触角遍及社会各个部门，对它们来说，及时知晓外部游说团体和倡议团体对企业的负面态度甚至是有敌意的行为至关重要。

因此，与外部利益相关方建立协同就是涉及建立和维持长期关系的一项工作，也确实是一项颇费思量的工作。与内部雇员不同，外部关系没有行政级别和工作稳定性因素的顾忌。外部利益相关方很少会对企业有强烈的感情或经济依赖，比如说投资者随时可以撤资，转投他处。监测社会问题的主流趋势，不论与新战略直接相关还是间接相关，相应地成为全面掌握企业运营所处外部情景的重要一步。

同时企业应定期在不同层次监测声誉问题，其中包括自身在某个行业和某个国家中的相对位置。明智地运用情报的一个要点就是经常对比实际情况与企业经理们的期望。了解期望的战略和事实之间的差距以及认识到外部的看法和行为是对一般的执行行动和具体的策略性传播进行有效干预的关键性的开端。

在战略实施前和实施中，收集情报的目的在于把握新战略实施所处的外部情境，这就需要监测和描述关键外部利益相关方的看法和行为。

下面，我们来看一个英国金融巨头巴克莱银行的案例。从其官网看，巴克莱制定的战略是"通过开发多元的商业基地、提高在市场和快速发展产业中的占有率来实现良好的增长"。这一战略是出于巴克莱协助世界各地的客户达成目标，并成为引领全球金融服务业的少数几家世界性银行的宏伟愿景。为此，巴克莱确定了四项战略重点：打造英国首屈一指的银行；加速发展国际业务；有选择地在英国之外的国家发展零售和商业银行服务；优化运营表现。

巴克莱想要成为全球领衔的金融服务机构必定要收集零售和批发银行业的情报，以此了解主要利益相关方对巴克莱的看法与巴克莱自身的期望是否一致，同时兼顾消费者、投资者和政府官员这些银行赖以实现其远景的靠山的观点。还有一点非常重要，银行必须小心觉察关于银行所承担的角色的公共舆论的趋势。

受21世纪第一场大衰退①的影响，社会上大部分人对金融服务业持谨慎观望态度——金融公司在贷款扶植企业、消费者和社会的时候，收益合理吗？给投资者的分红合理吗？还是说从系统中提出大笔资金，让资深员工得到慷慨的补偿？还有一些重要的问题没有得到回答。但巴克莱似乎很清楚地了解了这点。在其官网和媒体报道中，巴克莱毫不吝啬地表现出了自己的社会责任感。在《社会情报》（Social Intelligence）上一篇名为"碳资本：为低碳经济出资"的报道就是关于巴克莱的。同时巴克莱也得到过联合国对社区银行（community banking）的认可。

在人们对巴克莱的总体看法之外，巴克莱还需要收集关于它的另一个战略——打造英国最佳银行的情报，这些方面包括消费者需要某些特定的产品和服务，银行对社区的投入，帮助消费者理解进行复杂金融产品投资的优势和劣势等。在巴克莱的网站上你可以发现对以上这些角色的认识。除了赞助英格兰和威尔士的超级足球联盟外，在巴克莱的出版物中你还可以找到大量关于社区支持和财商解决方案的例子。

图1－3　巴克莱赞助英超

①　2008年美国次贷危机。——译者注

另一个例子来自电子巨头飞利浦公司。飞利浦的传统产品包括照明、电脑配件、移动电话、电子消费品如电视和 CD。21 世纪初，飞利浦将生产重心和市场类别转移到了医疗方面，但对消费者生活方式的关注不变。这些市场类别的转变可以轻而易举地解释给股东听。和传统的电子消费品相比，医疗健康产品的收入要高得多，和电脑配件相比，医疗健康产品的市场波动小。但是，将这些变化的来龙去脉解释给雇员则是比登天还难，由于这些变化他们中的一些人将会被裁掉、另一些人将被迫在一些完全不同的领域工作。

大型企业这样的主要业态变动也将给零售连锁部门、供应商、当地政府及其他相关环节带来震荡。总的来说，凡是跳出已成熟业态，转换到其他业态的企业都极度关注情报收集的作用。作为决定转变成功与否的关键，利益相关方的看法固然重要，但是理解并不意味着迁就这些利益相关方的看法和偏好。

实际上，公司有权利甚至也有义务固执己见。设想一下飞利浦在开发医疗健康用品前征求消费品零售商的意见会怎么样？还不是反对声一片。高瞻远瞩的企业做出他们自己的选择，常常将利益相关方远远抛在后面。因此情报收集工作的重心应该放在把握利益相关方当前的看法的同时，并预估他们对企业未来的开发变动会作何反应。

正如前面提到的，向雇员解释企业的变动确有困难，但是，员工仍是企业最重要的利益相关方团体。高层期望员工如何理解一个新战略和调查数据显示的员工的实际态度和行为之间的差距越大，改变面临的内部挑战越严峻。

收集内部情报需要在两个层面予以区分：企业架构性特征（organizational characteristics）和员工。经理们应对企业与众不同的原因有深刻理解。（第二章将就所有企业的共性和一些企业的个性做出详细讨论）同时，企业需了解员工对战略目标的态度、行为和支持。当发起内部行动呼吁员工支持的时候，管理层必须清楚地了解员工的支持度。

表 1-1 为收集相关传播情报的要素。

情报收集的深浅由具体情况而定。关于该花多少时间和精力在细致的情报收集上，以下是我的一些经验之谈：

表 1 – 1　　　　　　　　　　　收集相关传播情报

内部情报	外部情报
整体架构性特征	问题扫描
具体架构性特征	利益相关方看法
员工态度和行为	具体情报

企业越是需要对已有的形象和声誉作基础性改动，越是需要花时间和精力在收集详尽的情报上。新战略的实施离不开内外部重要利益相关方的支持，而综合各方的意见则能简化决策进程。

起始要素 2：选择正确的路线图

达成协同方法有二：联系内部和外部的利益相关方的途径不一。但总体来看，主管要么偏重谈判（negotiation – focused）要么偏重对峙路径（confrontation – focused），两者都离不开企业传播专家不同类型、不同程度的协助。

协商模式的特征是将战略呈现给利益相关方和根据反馈调整实施。商议重要利益相关方意见，了解他们准备在多大程度上支持公司的决定，或者他们是否只是稍微反对甚至并不对公司的决定持反对意见。对话（dialogues）可作为达成互利共赢的手段。通过谈判手段建立起的内外部协同常常是融洽且长期的友好关系。

然而，这并不意味着回应手段毫无用处，或者不可选。回应手段是企业管理层与利益相关方之间的低风险互动（low – risk interaction），包括回应手段（mirroring）和高压手段（power play）。回应手段本质上是以故事为卖点的推销战略，这一招在广告和政治宣传中屡见不鲜。高压手段则是状告对手，挖对手墙脚，或在公开辩论中咬定不放。

回应手段模式易树敌，尤其会与对手公司的利益相关方结下梁子，好在不是所有利益相关方都会做出负面的反应。但是，回应手段也能为企业塑造一个坚持自己价值观的形象。举一个有趣的例子，一批生产包括古奇（Gucci）包和劳力士（Rolex）手表在内的奢侈品制造商曾用生产廉价仿冒品的方式表达作为对中国企业不尊重知识产权的反击。

对内部利益相关方，还有一种融合谈判路径和对峙路径的方式。有新战略需要与同事协同时，协商手段更好；危机公关时，对峙路径更胜一筹。在公司刚完成合并的前几个月，或者监管机构强行更改企业基本战略的时候，高层可能不给员工质疑的机会，命令其快速执行新任务，这样的回应对峙手段不可避免。

制定有效的内外协同路线图需要平衡谈判路径和对峙路径的运用。选取最恰当的路线图则需要经理人有魄力并有能力结合与利益相关方相关的情报，准确预估他们对路线图的反应。

图 1 - 4 总结了四种建立协同的方法，至于它们的不同之处和具体适用情况将在第三章（内部协同路线）和第六章（外部协同路线）做出详细的解释。

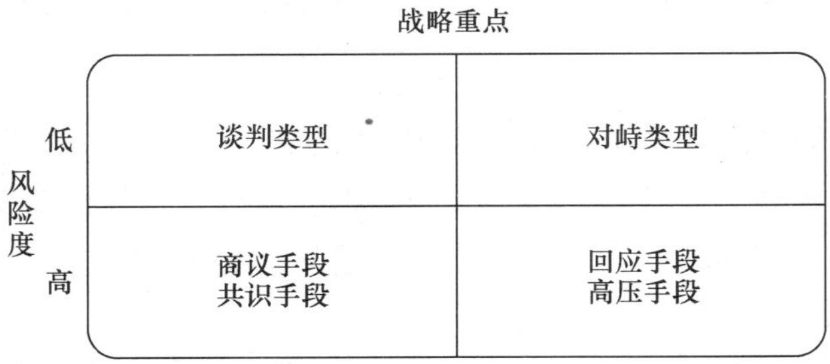

战略重点

谈判类型	对峙类型
商议手段 共识手段	回应手段 高压手段

（左侧纵轴：低 风险度 高）

图 1 - 4　建立协同指南

起始要素 3：企业传播的益处

谈判型与对峙型需要传播专家不同类型的支持。谈判型牵涉较少的利益相关方，因此经理可以与团体代表直接传播。在这些情况下，传播专家主要通过新闻发布会，简讯（newsletter）和公司官网告知内外部人员公司最近的动态并解释原因。

对峙型伴随着对传播协助的巨大需求。如果与利益相关方硬碰硬，不仅声誉受损的风险将上升，若僵持不下、蔓延过大，还可能招致更棘手的对手。

真正高效的传播专家们协助行政首脑处理媒体关系，与主要利益相关方保持长期细致的关系。银行等一些特殊领域尤其需要这方面的支持。从最近的公共舆论来看，银行业对尖酸刻薄的批评较敏感。2008—2009 年的次贷危机期间金融衍生品（derivatives）惨败，大批企业破产，随后各种负面措施狂轰滥炸，金融机构手足无措。

食品工业、汽车、医药业、石泊化学（petrochemical）业对消费者的批评和激进举动（activism）则习以为常。他们不惧任何挑战，在保全声誉方面展示高超技艺。这些企业长期聘用有经验的传播专家，他们受过良好的训练并久经沙场，熟习问题管理（issue management）、公共事务及危机公关（crisis communication）的艺术。他们是企业消防队中的终极武士，来自企业外部的回应手段尤其离不开他们。

对峙还需要企业内部的传播支持。时刻协同员工与企业身份、战略就能沉着应对冲突（conflicts），因此员工传播成为企业传播中一个关键的次级专业（sub-speciality）。运用对峙策略时得不到员工的全面支持，企业将腹背受敌。

如果企业员工清楚明白，深刻体会并主动配合企业战略意图，传播专家的工作可以算做到位了，企业高管们也会将此看作是增值的表现。在员工为企业主要竞争力的公司，这样的专家屡见不鲜。包括航空业、零售业、经纪业（brokerage）在内的服务型行业常设大型的、涉及广泛的传播组织，组织又分为负责特定单元（unit）的子组（subgroup）。

投资者关系（investor relations）对高管来说又是一个有用的传播专业。投资者关系部与商业专栏记者打交道，在金融分析师和监管者之间斡旋，经常被列在企业传播大部之外作为一个单独的个体。监管部门要求企业公开高技术含量的金融问题（highly technical financial topics），多部信息披露法案（disclosure law）也明文规定企业要公平（even-handed）、及时（timely）、统一（uniform）地对待大众，防止个别人利用内幕交易，利用提前知道的消息交易股票，非法盈利。如果投资者关系传播师不仅漂亮地将相关金融信息告知外部利益相关方，而且方式方法赢得分析师和专栏作家对企业决策的理解和认同，使他们在文章中美言几句或者向其他客户推荐公司的股票，那么企业的价值将大大提升。

零售、食品及汽车工业的B2C（business-to-consumer）企业拥有大量的营销传播（marketing communications）的经验。这些传播师激发产品意识（product awareness）和产品认可（appreciation）以保持或提高销售。由这一部门创造的价值主要体现在支持销售和提升品牌价值上。

这些术业有专攻的传播师以下面两种互补的方式联手为企业提供建

立、维护内外部协同的支持。

第一，传播专家要打好长久的基础，之后才能发展一系列传播活动。打基础的步骤有四：

第一步：将企业传播的基本法则和指令（directives）编纂成文，介绍术语［nomenclature，如房屋风格（house style）、命名等］，发行品牌推广和赞助政策手册，规定处理媒体关系的常规工作。

第二步：建立传播职能部。明晰分配工作和预算的方式，确定连接商业和传播的流程。

第三步：为企业收集情报。企业中其他部门也收集情报——战略规划部旨在研究竞争对手，市场部收集顾客满意度方面的数据。与之不同的是，传播专家关注企业内外部大体趋势，排查可能存在的导致企业脱轨的威胁，看待问题和声誉的视角更广。

第四步：将企业内涵和目标描述成故事以塑造独特的企业定位（corporate positioning）。"绿色创想"（ecomagination）计划将通用（GE）公司一举推到了清洁可持续能源科技的最前线。计划绘声绘色地畅谈从风能、太阳能和其他形式中产生能源的奇思妙想，也为环境保护（conservation）提供不一样的思路。通用是一家巨型企业，产品从军用飞机引擎到精密医疗设备，包罗万象，"绿色创想"（ecomagination）计划展现公司服务社会、关心人类生存环境的一面，使公司形象更亲民（见图1-5）。

第二，企业传播经理针对特殊战略目标需要的外部协同而量身定制相应的战略传播计划，其步骤有五：

第一步：出发点一定要以企业整体品牌推广承诺为中心，并决定哪种结构在品牌推广中占主导地位，单一式（monolithic）①的？品牌式（branded）的？还是代言式（endorsed）的？这一阶段的第二步是决定应该着重看待哪个竞争对手，比较得出他们的优势在哪里。

第二步：就战略计划的本质收集特定的附加情报。比如，收集转基因食品方面的情报时需要以提升股东价值为目的。

第三步：确定企业为战略制定的路线图中传播部门扮演什么角色。

第四步：将选择转化成用于传播支持实施中需要的信息。所有的决定

---

① monolithic 是一种品牌推广的方法。企业所有产品采用一个名字、一种形象。这种方法的好处是可以提高企业效率，不需要花太多精力在调整不同产品的推广上。Branded 品牌推广法是带有品牌标志的一种推广。Endorsed 即邀请名人的代言法或者是赞助商。——译者注

都将以需要执行的信息的方式展现。

第五步：评估传播项目的成功和失败之处，做出调整，提高具体问题上的协同。

要想从高效的企业传播中获益首先要建立长久的传播基础，并在这个基础上具体问题具体分析，同时保持作风的一致性。在这样的情况下，传播经理们就能最大限度地为企业的可持续协同做出贡献。

图1-6展示了企业整体传播的两个角色。

图1-5 通用"绿色创想"计划广告

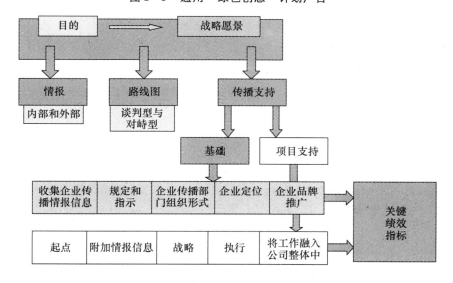

图1-6 企业传播对建立协同的支持

结尾：追求协同永不止息

在一大批形形色色的利益相关方之间围绕核心战略问题建立和维持协同，对企业来说并非易事。一旦做了违法的事、不道德的事，或者仅仅是商业判断错误，再有名望的企业也难逃责难。要想辛苦积累的好声誉从不可预见的负面影响中恢复，企业需要细心建立、精心维护和利益相关方的关系和协同。不论是盈利的公司、非营利性的游说团体（advocacy group）还是政府实体（government entity），都会受到一群利益相关团体的评估。

如果说好名声顺畅了企业与利益相关方的互动，从而帮助企业达成目标，那么协同就是好名声具象化为行动的最佳展现。一旦企业行动受到质疑，与内外利益相关方形成良好协同的企业将被给予更大的自由空间（latitude）和因质疑带来的好处。

由上观之，企业理应将专业传播师纳入所有商业讨论，将这门学科提升到与法务、人力资源、战略规划和运营同等的高度。传播师则应该帮助企业确定核心使命，加以最真实、最能引起共鸣的解读。在编织企业核心传播信息时，专业传播师尤其应该积极处理那些在社会情境中可能成为威胁、可能成为契机的问题。如此，企业将以有真凭实据的论点和引人入胜的传播建立起思想领导（thought leadership）的地位，从而引导与利益相关方的互动，建立并维护与关键利益相关方的可持续协同。

注释：

1. R. S. 开普兰、D. P. 诺顿：《协同力——以平衡计分卡产生企业能量》，波士顿，哈佛商学院出版社 2006 年版。

2. 巴克莱集团网站，http：//group. barclays. com/About – us/Who – we – are – and – whatwe – do/Our – vision – and – strategy（访问于 2011 年 3 月 5 日）。

3. 巴克莱集团网站，http：//group. barclays. com/About – us/Sponsorship（访问于 2011 年 3 月 5 日）。

4. 巴克莱集团网站，http：//group. barclays. com/Media – Centre/Barclays – news/News Article/1231784854970. html（访问于 2011 年 3 月 5 日）。

第一部分
构建内部协同

2 收集内部情报

产生对新战略的内部支持需要获得对企业根本认识的情报。具体说来，要了解新计划与员工现有想法和实际行动之间的契合度，以下三组信息是必需的，并且信息都要通过验证。

第一组着重企业的整体身份特征（overall identity characteristics）。大部分企业拥有四种整体身份特征中的一种，这点在社会具体行业类别中稀松平常。个别部门众多或运营范围广泛的大型企业可能同时占有多个特征。一般，企业特征可归为官僚型（bureaucratic）、责任型（accountability）、意义共享型（shared meaning）和意识形态型（ideology）。这四种范式（paradigm）深刻阐明了员工动机和行为以及在特定文化背景下能引起共鸣的信息样式（message）。

第二组着重期望的（desired）、投射的（projected）、理解的（perceived）具体身份特质。这些特质是单个企业所具有的。阿尔伯特和惠顿提出这些具体的企业特质必须将企业核心的连贯性（continuity）、中心性（centrality）和特殊性（distinctiveness）表达出来。连贯性特质是连接企业历史和现状的传统、惯例（practices）和表达（expressions）。中心性特质衡量的是具体特征在企业中平均分布的程度。特殊性特质是为一家企业所独有的，不论是竞争者还是相同规模的企业都不具有的特征。也许乍看之下这些特点索然无味，但却是企业的生命源泉。只有理解由这些特质引发的感觉（feelings）、情感（emotions）、动机和行动，才有可能构造一个或多个真实有说服力的故事，为战略赢得接受和支持。

第三组着重于已经与战略协同一致的态度和行动，以及员工支持的程度。定性实验（acid test）是那些只能在战略实施之后才能启动的考核，协同有没有起作用将在这组情报中见分晓。内部情报收集的三个层次请见表 2 - 1。

表 2 – 1	内部情报
内部情报	着重点
整体身份特征	官僚型、责任型、 意义共享型和意识形态型
具体身份特征	向往性的企业身份、展示性的企业 身份和感知到的企业身份
员工支持态度及行动	员工参与度和员工协同度

下面我将用美国联邦快递公司及其通途战略（Access）作为假设性例子详细解释情报收集的作用。用于分析的例子只是猜想，实际的通途战略在联邦快递官网上有详细叙述（见拓展案例 2 – 1）。

拓展案例 2 – 1 联邦快递的通途战略

通途战略（Access Strategy）让人员间、商业间、国家间各种形式的互动与交换成为可能。

通途的实现体现连接的能力。任何能让人与人、商业与商业的联系变得容易都能加速通途的实现——不论是智能手机、电脑，还有将物品连夜送达世界任一个角落的能力。

拓展通途，人们就有能力、有自信去改善他们的现状和未来。通途将创造新机会，简化、加速全球联系，促成变革的可能。

通途的实现来源于众多人与商业的推动，而联邦快递一直是一个又一个里程碑后的强大驱动力。快递是实现通途的历史性突破，打破时空界限，联结世界各地的人们。

联邦快递是通途理想和其相伴机遇的不遗余力的支持者，因为我们相信追求通途将推动积极的商业变革。我们公司研究通途，分析其影响，小到偏远山村到大到全球企业。

身处物流快递行业，联邦快递与竞争对手 UPS、DHL、TNT 一样，主要业务是将物品从 A 点安全、透明、成本有效（cost - effective）地送到 B 点。从多方面看，这些公司都关注改善全球贸易，唯独联邦快递以吸引眼球的传播为依托，采取一系列行动，抢占激发全球自由贸易的思想领袖地位。公司甚至制定了衡量各国贸易通路畅通性的公共指标，并通过游说积极推广这一指标。

从智力层面理解通途背后的基本理念并不困难，问题的关键在于如何向基层员工传达明确的信息，确保连快递员也能明白如何做才是符合通途理念的。显而易见，联邦快递传达给快递员的是更为简洁的"紫色承诺"（purple promise）——让每一次联邦快递体验成为卓越（见图 2 - 1）。口号虽简单，体现的企业身份特质却是深层的。

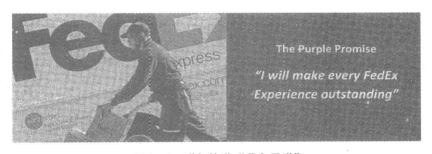

图 2 - 1 联邦快递"紫色承诺"

接下来，我们要用上文提到的三组情报分析联邦快递案例，先从整体身份着手。联邦快递公司有以下几个著名的特征：一个辨识度高的 CEO；公司内外对未来方向明确并拥护；各业务单元（business unit）有较高的自决权（self - determination）；"通途战略"（Access）带来的远景被看作是引领世界贸易思想的生动体现。由此，联邦快递的整体身份可被划归为意义共享型。

意义共享型其实并不太适合联邦快递公司结构和其自主业务单元的特点。如此的分权型（decentralization）和独立性似乎和意义共享背道而驰，因此，任何传播项目必须围绕着强有力的叙事（narrative）展开。这个叙事要能巧妙地说服观众，有了围绕通途战略的协同，一个分权型的企业也能顺利运作。

让我们同样假设关于具体身份特质的研究显示向往性的身份和展示出的身份之间的差异不大。同时，向往性的身份和感知到的身份之间的差异不算巨大，但在集权型特色方面，同样在分权型特色方面，各具体身份特质的差异变得很大，因此，有必要就企业各具体业务单位作逐一考量。

最后是对支持性员工行为的评估，同时兼顾推动支持行动的认知程度、理解程度和支持程度。在这个研究中假设联邦快递的基层员工不理解战略目标，进一步说，不清楚战略对他们的日常工作意味着什么，或者他们的行为应该有何不同。为了解决这个问题，企业必须时常向员工传达包含着企业成功故事的信息，展示战略顺利执行的案例。除此之外，也可以提供给员工经常讨论战略实施的培训机会，或者专项座谈。内部情报法的三种类别可见图 2 - 2。

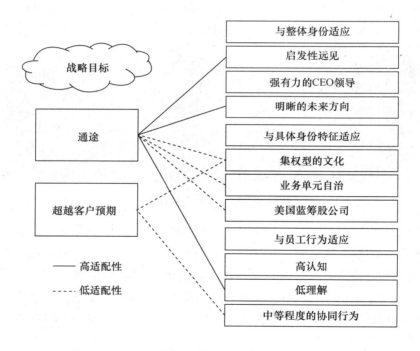

图 2 - 2　阐释三种内部情报法的联邦快递假设性案例

整体身份特征

在学术和管理方面的著作中，很多分类法都依赖一种具体的占主导地位的文化或一种主导结构或与古希腊神祇有共同之处来划分一个企业。我关注传播的角色，受以上提到的分类法的启发开发出一套新的归类法。我的归类法依据企业受到外部压力的程度并结合内部组织的性质。企业类型是企业身份特征的集合体，这些特征对传播专家来说非常关键，因为他们需要为企业和具体战略设置一个有卖点的故事。

　　企业是在不断变化中的有机体，并不会与图2-3中四个象限中的任何一个完全契合，这个区分主要是为了帮助理解存在着哪些基本类型。对企业文化和商务惯例（business practices）方面的变动有着不可推卸的责任的决策者来说，了解企业目前所处的类型和在不久的将来想要成为的类型是明智的。这里所列的各种企业身份的特征将简化这一归类过程。

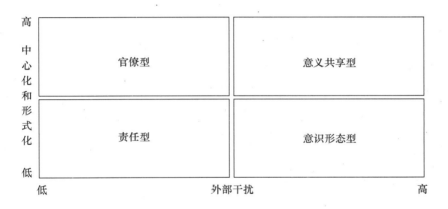

图2-3　整体身份的四种形式

责任型

基本特质

有限的外部干扰，与游说组织有限的冲突，大部分为分权型的和非正式的。

经营理念（management vision）

企业表现优秀，员工清晰地了解达成目标后能获得什么既定的回报，并自主获取任务所需的资源。

整体组织意图（overall organizational intent）

员工高度自治，强烈的绩效优先心态。

特征

不管是对短期的还是极其长期的职业，都有明确的回报机制。企业强烈关注自己的市场，具体部门的目标优先，与整个企业的目标处于低度认同。

传播需求

对于个人应该达成的目标有明确的关键绩效指标（KPI）以确保清楚地衡量某一个员工是否成功。回报方式各不相同，律师事务所会给出色的员工提供合伙人机会，大学授予教授终身教职。成功与高水平的工作满意度具有典型性的联系，理想情况下，一个员工将他/她自己看作是更大的组织背景下的一个独立"企业家"。主管们必须在年度绩效回顾中明确对每个员工的期望，结合常规反馈，探讨如何提高关键绩效指标（KPI）和员工分数的方式。激励员工、调动员工参与主要通过一对一的谈话来进行，需要的时候可以配以大众传媒的那一套。传播师看重的是明确的"责任到人"制度是如何领导企业走向成功的。

案例

大型律师事务所、工业、会计、咨询公司是典型的责任型公司。总部位于美国加利福尼亚的国际石油巨头雪佛龙（Chevron）公司，员工表现主要通过个人、业务单元、企业整体的多个维度来衡量。金融手段则用以平衡个人和集体的安全绩效①（safety performance），重点应放在经理和一般员工能控制的问题。不同薪资级别的员工奖金差异巨大，当一个员工在薪资阶梯上不断上升时，奖金也随之大大提高，而奖金的实际分发由明确的数值计算公式控制，这点对于经理、高管尤其严格。与此同时，炼油厂的员工不会有意了解海岸勘探的同事。身份更多地集中在具体业务单元而

---

① 安全绩效是一个用安全相关标准描述企业或个人优缺点的系统。——译者注

不是整个公司。当然，一小部分直接向总部汇报的员工除外，这种责任制在石油工业中很常见。

官僚型

一般特质
低外部干扰、高中心化、高形式化。

经营理念
官僚型提升结果的可预见性，强化来自内部的力量和直接相关的官员的支持，同时加强来自外部政治力量的支持。

整体组织意图
与提升社会成员的生活品质这个更大的事业相关。

特征
提供平等的服务既是民主权利，也是民主义务。行动的透明度对激发、加强公平感，加固与政治环境的相互依赖来说必不可少。

传播需求
为企业长期存在、大体不变赢得外部支持而建立清晰具体的工作纲领，细化到人。内部的共识是基于这样一种信念员工相信遵守守则能产生作为企业存在理由的外部合法性。在这样的机构里，传播一般是自上而下，一线经理会对指示是否完成做出审查，任务完成时再逐级上报。企业成员需要明白他们该如何获得日常工作所需的资料才能进行基础工作。当强调为其他缺乏明确规则和工作安全性低的企业工作的不利情况时，员工对现有企业的认同感会被激发。

案例
政府机构多属于官僚型，包括军事、公共事务、警察和消防。医疗和社会工作等半公共的机构在一定程度上也有此特点。

意义共享型

一般特质

高外部干扰、高中心化、高形式化。

经营理念

当企业成员体验到领导力并且组织的未来是鼓舞人心时，他们将为公司发展不遗余力。

整体组织意图

包括企业上下各方面与企业总裁或首席执行官保持高度一致，体现于企业的主导逻辑、总裁或 CEO 对于企业独特的价值和对未来的信心等。企业文化是一种强烈的内部（in - group）对应外部（out - group）的模式，而外部可能是真实的，也可能是虚构的，甚至是想象的。

特征

如果资历最老的高管们所传达出的一种思想领导能够使员工受到启发，使得员工能主动将自己剩余的个人时间和精力花在改善公司表现上，公司业绩将蒸蒸日上。

传播需求

在意义共享型企业中，中层经理将明确的未来方向令人信服地"售卖"给企业成员，由此他们能够成功地陈述正确的议题。管理层如果能让前线员工感到自己是企业运营中重要的一环（自我归类，self - categorization），自己的付出公司都铭记在心（自我强化，self - enhancement），那么这将成为公司成功的关键因素。自我强化的一个思想就是"如果我不认同共享的意义，我就不是组织的一员"。自我强化是企业说辞被奉为法典的结果：在 3M 公司共享原则是企业的法典，在 Sony 核心价值观是企业的法典，在强生"强生信条"是企业的法典。在市政厅会议、企业官网和企业刊物中，传播专家全力支持企业高层，这些都是重申企业价值观、塑造 CEO 魅力的好地方。

案例

许多企业希望以此方式达成战略共识，一个很好的例子就是美国西南航空公司（Southwest Airlines）。西南航空是一家高水平的企业，在航空业有最佳的出发和到达准点率，提供廉价旅程，对行李不收取额外费用。在这样的好口碑下，西南航空鼓励每一位员工培养幽默感。西南航空以此营造幽默、欢乐共享的气氛，而与此相比，拥挤的机舱、老旧的机型和最低限度的服务就可以忽略不计了。

意识形态型

基本特质

高外部干扰、低中心化、低形式化。

经营理念

强大的意识形态几乎总是能激励个人或集体按企业的要求行动。因此，相比其他的类型，企业几乎可以将所有精力放在目标上，而花很少的时间在人员管理上。

整体组织意图

这种形式的运营方式相当理想化近乎教条主义，所有员工都立场坚定，是非分明，但对不同意见要么无法容忍要么缺乏耐心。

特征

在开明民主的社会中，总有一群专业人士呼吁各种各样的问题：关注动物权益，保护原始森林或者是对无视人权的不民主国家施加压力。明确的机构目标让志愿者和员工的内部团结、身份认同变得简单了。由此，内部冲突不会聚焦于企业目标，仅注重于实现目标的进度和方法的本质。

传播需求

意识形态的核心要素要时刻得到百分之百的支持。类似"与组织意识形态相左将会经社会控制机制（social control mechanisms）被驱逐出组织"这样的暗示信息，虽然不一定成为事实，却对加固意识形态大有帮助。在内部传播中要时常重申外部舞台上的成就。左右公共舆论不仅为内部目标服务，也是奉献社会的体现。传播就是重复地给什么是意识形态正确下定义。

案例

绿色和平（Greenpeace）、乐施会（Oxfam）、山岳协会（Sierra Club）等一些理想主义组织通过以上方式在全球推广他们的理念。英国面部及身体护理产品公司"美体小铺"（The Body Shop）也是一个不得不提的例子。公司后期的创始人阿妮塔·罗迪克（Anita Roddick）确定了公司五条不变的原则：反对动物实验；支持社区贸易（community trade）；保护地球；激发自信；捍卫人权。所有美体小铺的员工都将这五条原则铭记在心。

战略问题和企业整体特征间的适配性问题

收集情报以确定企业整体特质的第一步是要明确当前主导的范式，第二步是考虑到需求与战略目标相连，决定是否要转向一个新的、更符合期望的范式。责任型模型很好地描述了全球大部分律所和咨询公司（比如麦肯锡、普华永道和毕马威）。有经验的相关人才走到哪里都可以得到一份薪水不错的工作，反过来，他们增强了企业重要的身份特质。这些特质包括"在个体层面上，工作目标明确，回报机制成熟"，"合同可长可短，到一定的年限可以成为合伙人"。以上特质与责任型的核心观念不谋而合，即员工在日常工作中的主人翁精神越强表现越佳。

随着21世纪的到来，众多咨询公司和律师事务所开始中心化，将公司文化和结构朝一个更加全球化的方向转变。这一转变的结果之一是关注广泛的区域性市场代替之前的地方自治，并汇集全球专业人士组成团队更有效地服务全球客户。此种工作方式需要的身份特质更趋向于意义共享型，即以鼓舞人心的整一思想激励员工。麦肯锡的转变就做到了这一点。新的范式需要引进植根于"集体性意义建构机制"（collective sense-making mechanisms）之中的驱动力。当然，新的驱动力对建立在个人回报、个人认可基础上的旧驱动力形成挑战，必然随之产生冲突。

　　在我看来，这些问题还不值得为之墨守成规。一旦管理层认定新的战略将产生强大的竞争优势，就应该同时接受向新范式转变带来的结果。而是否转变的最终决定权在于第三步：如实评估哪种身份特质最符合新战略的要求。以法务咨询所为例，诸如"为一个愿景工作"和区域性决策架构的特点正是将企业范式从会计范式转变到意义共享型范式的好理由。图2-4总结了上文提到的三个步骤。

1. 评估目前整体身份特质
　·官僚型
　·责任型
　·意义共享型
　·意识形态型
2. 选择期望的整体身份特质
　·官僚型
　·责任型
　·意义共享型
　·意识形态型
3. 决定战略目标和期望的整体身份特质间的适配性
　　　低适配度—中适配度—高适配度
图2-4　评估战略目标与整体身份特质间的适配性

具体组织性身份特质

　　除了四组整体身份特征，企业还有其他具体的风俗、传统、常规（routine behaviors），甚至是坏习惯，这些赋予企业人类般的个体性。尽管企业间的共性大于个性，但每个企业都有独一无二的地方。不论是为了求贤、留才、联合社区，还是获得其他商业优势，若企业试图在竞争中将自己区别出来，都必须先理解并好好利用这些具体的特征。

公司特征花样繁多：有的公司标榜提供同行业最高的平均工资，或者是中等薪资加上慷慨的一系列福利；有的公司将休闲穿着，带狗上班作为推销点（这点在如今硅谷的高科技公司和社会网络公司已经稀松平常）；有的公司提供免费三餐，目的在于提倡加班，建立员工与公司之间紧密的共生关系。在美国西南航空的航班上，一般空乘会在起飞前安全通告时表演单口喜剧，不仅吸引更多的乘客乘坐西南航空，也活跃了机组人员的气氛。有的企业热心慈善事业，慷慨解囊，或者给员工留出时间从事志愿活动，这样企业在社区、员工和潜在员工中都建立了具体的身份特征。

参加面试的求职者首先关注的是应聘的工作本身，其次是公司的问题：公司是大是小？跨国还是限于国内？从事什么样的商业活动？尽管这些问题都能在网上找到答案，也易于被未来的员工理解，但企业真正的个性却远非那么明显并且也并非那么容易被发现。企业的个性决定了潜在的应聘者是否真的会迈出第一步，决定了他们是否会考虑接受这份工作，决定了当他们成为正式员工后是否会为公司全力以赴。

即便如此，并不是所有员工都会无条件支持企业战略中的根本性改变，尤其当他们觉察到企业的本质与新战略的需求不契合，支持就更难得到。所以，了解员工对企业特征最深层的信念和他们对企业最重要特征的集体看法至关重要。

维基百科代表了一种典型企业：作为社会性企业，他们追求集体目标，严格控制企业行为，在自身和环境之间划定界限。为了实现成功，企业成员间需要达成协作的共识手段：大家将为了一个目标共同努力。换句话说，每个成员对最终结果都负有责任。但同时企业与周边环境的隔阂将成为巨大的限制因素——苛刻的管理条例，竞争对手抢占更多的市场份额将影响企业的发展前景。

一旦签订劳动合同或者是雇佣契约书（employee agreement），个体就进入到一种社会契约中。之前提到的应聘者要接受这种契约带来的任何结果，包括对企业的信任和工作弹性时间问题的处理。随着越来越多的人将工作看作终极职业前的小插曲，合同对他们来说不过是一纸文书。相应的，与终生雇佣合同相比，越来越多的雇主更偏好临时的雇佣合同。除非一种契约能说服各方他们都会从中收益，否则它是很难成功的。企业中的个体与集体唇齿相依，没有一方能脱离另一方顺利运作。因此，专业的传播师对企业和企业成员之间联系的基石要有透彻的理解，这样才能创造出与这种联系在隐含层面的和显露层面都能产生共鸣的思想信息。

该使用哪种身份特质

要列一张企业具体身份特征的清单并不困难。如果由 CEO 和传播总监通力合作，再加上双方特别声明一下自己是企业的老员工，完全认可企业文化的精微之处这两点，就能事半功倍。我当管理咨询师时得到的经验告诉我，高级管理人员的看法有决定性的影响，甚至主导了传播信息的内容和材料，而忽视经理和基层员工的意见将拖累任何实施改变的进度和完整性。

简单来说，人们对"企业最典型的特征"这个问题持有各种各样的观点，甚至在管理层的委员会中也是如此。这意味着企业的身份可能不止一种。身份的多样性虽不至于成为问题，但如果高管和传播专家没有认识到或者不认可多种身份的存在，又或者没有在呈现给利益相关方的故事、广告、建议书（position papers）、宣传画册（marketing collateral）中反映、利用这些多样的特质，麻烦也会随之而来。

这些特质一般可归为三类两组。第一组受高管的看法影响巨大，我们称之为向往性的身份（desired identity）和展示出的身份（projected identity）；第二组反映员工的视角，我们称之为感知到的身份（perceived identity）。每类特质都反映在企业典型的描述中（见图 2 – 5）。

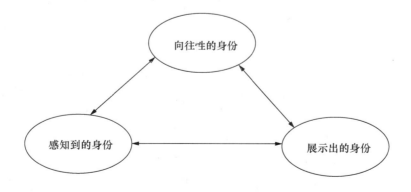

图 2 – 5　三种身份特质

　　描述特质的词语有重合也有根本性的区别，了解这些相同点和不同点是找出协同员工和战略路线图的基石。

　　下面我将以荷兰备受尊敬的邮政银行（Postbank）为例，用数据分析这三类特质。1991 年，由 3 家企业合并成为荷兰国际集团（International Netherlands Group 或 ING），邮政银行就是其中之一。今天，荷兰国际集团已经成长为一个商业发电站，拥有员工 10.5 万名，声名享誉全球。起初，"荷兰国际集团"这个名字只用于金融领域，集团标志为邮政银行标志性的蓝狮子，后来他们把蓝色换成了荷兰的民族色——橙色。当荷兰国际集团的品牌逐渐强化，并在全球金融领域中使用，管理层开始质疑是否需要继续单独留存邮政银行的品牌和身份。

图 2 - 6　荷兰国际集团和邮政银行的狮子

　　在 21 世纪的前 10 年，荷兰国际集团示意将不保留邮政银行的独立品牌，那时所有邮政银行的广告、资料都采用"荷兰国际集团成员"的身份。这引起了邮政银行员工的强烈反应，他们明白荷兰国际集团在考虑淘汰邮政银行这一品牌。这导致了机构内部紧张，不确定因素占主导地位，而淘汰邮政银行品牌还未成定局，本书关于三种身份的例子就是在那个时期收集的。

　　邮政银行在荷兰市场独立运作，着重关注顾客服务，不断开发针对传统零售需求和具有商业价值的 B2B 市场的各种金融产品组合。2007 年，荷兰国际集团取消邮政银行的品牌，并将其纳入一个新成立的法人实体，取名为"荷兰国际集团"。这一举动将邮政银行员工的恐慌推向了顶点。外部利益相关方也表达了强烈的不满，客户和一些荷兰的品牌运营专家们指控荷兰国际集团破坏了国家最受尊敬的品牌。然而，来自市场调查的事实表明，虽然邮政银行在荷兰人民心中占有重要地位，但是大部分客户开户只是为了存工资或者缴费，在金融市场中没什么价值。几年来，邮政银行的商业价值一直在下滑，继续保留这一品牌从经济层面看就值得怀疑。大众的误解虽然困扰了荷兰国际集团一段时间，但是在数据的支持下，他们依然做出了正确的商业决定。

其后的案例分析研究的是国际集团在决定淘汰邮政银行品牌之前的时期。埃尔斯塔克（Elstak）等人在 2010 年进行了三项研究，评估银行在向往性的身份、展示出的身份、感知到的身份特征，并综合新战略目标"提升客户业务质量，拓展产品组合使之更有吸引力"的内涵进一步考量。

企业向往性的身份

对企业高管来说，一份反映他们预期的"向往的身份特征清单"是必不可少的。高管们清楚地把握着企业占主导地位的身份特征，离开了企业的领导团队，宏图伟略则无法实现。但如果我们仔细观察领导们用来描述向往性的身份的词汇就会发现他们的遣词造句太过阳春白雪，管理委员会成员能明白，上层经理也能明白，基层员工则得花工夫理解。这并不意味着信息包含的情报不够，而是缺乏语境（context）。行政人员的用语充满行话和术语，只有对企业消息灵通并且有宏观把握的特定人员才能理解，对基层职工意义不大。

向往性的身份的制定可以放在高级经理人的"焦点小组"① 会议中进行，会议的方式可以采取之前提到的"共识手段"法。这种方法系统地呈现了管理层成员所认为的企业关键特征。会议的目的主要是提纲挈领地产生一份身份特征清单，对比"我们目前的表现"和"我们未来的期望表现"，量化直观地展现管理层所理解的企业向往性的身份核心。表 2－2 是邮政银行一次焦点小组会议的结果。

---

① 焦点小组，focus－group 是一群来自各阶层的成员，讨论某专项问题的小组讨论；所得信息常为市场研究者或某党派所用。——译者注

表 2 - 2　　　　　　　　　　邮政银行企业向往性的身份

	特征	现状	期望	差值
1	商务			
2	亲民			
4	将产品组合向高端市场推进			
5	小额银行业务的专家			
6	独立性			
7	精于批量生产			
8	职业安全性			

企业展示出的身份

　　企业的展示出的身份指的是企业通过传播传达管理层眼中的（或者他们认为是这样）企业特质这种自我呈现（self - presentation）。公开的传达方式可能是官网，企业宣传册或者是公开演讲；含蓄的可以是企业建筑，对供应商的质量要求或者是信息的精雕细琢。从一些关键表述中，我们可以轻而易举地推测出"展示"——比如，企业网站中的"关于我们"一栏，内部杂志中的故事，或者是企业的年度报告。

　　中央集权型企业的展示的身份极具辨识度和一致性：管理井井有条，传播部门训练有素。若是以分权型方式运作的企业，特别是活跃在多个国家，多样化的产品市场组合中的企业，要列出一张目的一致的清单就比较复杂。

　　最近我去了一次位于纽约的普华永道，在那里听了一场关于信贷紧缩（credit crunch）的讲座，普华永道展示了自己将如何帮助企业将信贷紧缩带来的影响降至最低。我想把这作为一个实际例子与大家分享。讲座结束的时候，到场的每位人士都得到一份精美的小册子，册子里描述了这次金融危机的来龙去脉以及普华永道可以为此出什么力。回到荷兰以后，我发现当地的普华永道也在制作这样的小册子。虽然册子的内容看起来没什么差别，都是讨论金融危机的起因，提出一些解决办法，但是，可以明显看出这两份册子是单独制作的。一致性本可以为普华永道节约一大笔钱和时间，也能降低在敏感议题上出现矛盾信息的可能性。

　　国别的差异容易被理解，针对企业展示出的身份的内涵问题在全公司范围内展开调查则可以避免意外的或不一致的信息。不论企业如何多元化，跨多少国家运作，在全公司范围内的内部信仰真实性和一致性是员工对雇主信念中的重要一环，从某种意义上说，员工向世界展示了企业。

因此，一份企业展示出的身份的清单十分必要，并且常常能打开企业人员的眼界，使他们了解企业内部对于身份描述的多样性。表 2 - 3 展示了邮政银行的一些企业展示出的身份特征。

表 2 - 3	邮政银行企业展示出的身份
1	邮政银行的产品适合自给自足（self - reliant）的客户
2	邮政银行好好服务自给自足的客户
3	在邮政银行，工作人员不凌驾于客户之上，与他们齐心协力
4	邮政银行是您理想的金融管家
5	作为邮政银行的客户，您可以完全信任我们会妥善管理您的财务
6	邮政银行为客户提供金融活动的安全可靠环境
7	邮政银行直言不讳
8	邮政银行传播透明
9	邮政银行回报优厚
10	邮政银行无处不在
11	邮政银行敢于创新
12	邮政银行利用科技
13	在邮政银行，我们发自内心地谨守规则
14	在邮政银行，我们始终诚实公平地服务大众
15	邮政银行提供小额银行业务及 B2B 业务
16	邮政银行明白告知客户产品的风险
17	在邮政银行顾客就是上帝
18	邮政银行的业务原则是：关注、速度、简约、精准
19	邮政银行为结构上的盈利增长不遗余力
20	邮政银行不断寻找更强的销售动力
21	邮政银行不惜一切代价确保我们的核心流程运作顺畅
22	邮政银行不惜一切代价提升质量，降低成本
23	邮政银行尽力做到工作高效
24	邮政银行以客户为中心
25	邮政银行为客户化繁为简
26	邮政银行遵守承诺
27	邮政银行公平地对待我

企业感知到的身份

要想了解员工和经理是如何看待企业身份特征的，可以直接询问他们，请他们描述心目中最契合企业的特征。对传播师来说，高层费心编纂、精心传达信息是为了雇员，所以雇员的理解至关重要，而且若信息所需的情报取自企业内部各个层面的员工，将尤为可信。

不同层级的信息接收者自然有不同角度的理解，但是，尤其在层级严格的机构，主管往往能左右下属对信息的理解和相信程度。接收者的任职时间对理解也有很大影响，比如资深员工就对各种战略和倡议见怪不怪了。另外，个人的自我身份和社会身份也需要考虑在内。当企业身份与个人的自我及社会身份相一致时，个体倾向于以积极的词汇描述企业；反之则会用更消极的词汇。

表2-4展示了人们是如何在企业感知的身份意义上描述邮政银行的。我们可以直观地看到有些员工的实际看法与企业期望表现的差异很大，其中差异最明显的是关于"保持独立"的问题。很显然，员工并不认为邮政银行是自治的，也不同意"邮政银行提供广泛的金融产品组合"这一说法——起码目前没有。这些复杂的感受和出人意料的抵触情绪在部门繁多的大企业并不少见，但是，管理层应该清楚这些复杂情绪在企业内部到底蔓延到何种程度。

表2-4　　　　　　　　　　企业感知到的身份特征清单

1	邮政银行善于批量生产简单产品
2	在邮政银行，你能得到工作安全的保证
3	雇员常常忠于邮政银行是因为吸引人的次级福利（secondary　benefits）
4	在邮政银行，各步骤细节都被严格执行
5	邮政银行给有雄心壮志的经理展现自己的机会
6	邮政银行将利益最大化放在首位
7	邮政银行是一个充满活力的银行
8	在邮政银行，每个人都有自己的一份责任
9	邮政银行给予每个人实践想法的机会
10	邮政银行太高傲
11	在邮政银行不张扬，不显山露水就得不到重视
12	在邮政银行，裙带关系对职业发展至关重要
13	邮政银行给每个人很好的内部职业机会
14	邮政银行内部代沟太大，年轻员工和老员工之间的差异明显
15	邮政银行结构太复杂，导致职责不明确
16	在邮政银行，你经常不得不和有利益冲突的部门合作
17	要是你想进母公司荷兰国际集团，在邮政银行的工作经历能加分

18	重要战略决策由母公司荷兰国际集团做出，而不是邮政银行
19	邮政银行是荷兰国际集团的一部分，这点很重要
20	保留邮政银行这一品牌对我们来说很重要
21	在企业传播时加上"（邮政银行）是母公司的一部分"能为邮政银行带来附加值
22	邮政银行要求"中规中矩"
23	在邮政银行，我们工作卖力
24	邮政银行的企业结构是平面的
25	邮政银行在荷兰金融服务领域是独一无二的
26	在邮政银行，员工倾向于逃避责任
27	邮政银行的工作氛围轻松
28	邮政银行内部个人主义之风渐渐盛行：人人为己
29	在邮政银行，我们是一个团队：你不应该单打独斗
30	邮政银行有一种强烈的共识手段文化：每个人对每件事都有发言权
31	在邮政银行，你的所有行动都在监视之下，就好像"老大哥在看着你"
32	在邮政银行，达成自己的目标这点很重要
33	邮政银行表现不尽如人意，我们不是行业里最好的

战略与具体身份特征的适配

邮政银行的例子很好地说明了在企业内部实施新战略的复杂程度。更加关注客户，同时将产品组合向更有吸引力、更高端的市场部门推进听起来是个有逻辑、清晰的目标，但是内部人员接受起来却没有高层们预想的那种热情。发生这种情况的原因部分可能是员工担心邮政银行的控股集团——荷兰国际集团会抛弃自治的邮政银行品牌并将运营纳入更为统一的荷兰国际集团品牌。同时，员工对银行品质的态度也没有管理层预期的那么积极。除管理层与员工之间的理解差距外，从内部收集来的具体身份特征方面的情报揭示了另一条实施新战略时不可逾越的鸿沟，即员工对企业声誉的宣扬并不都是来自他们对企业坚定的信念。

如图2-7所示，评估想要获得的战略目标与具体身份特征间的适配性有三个步骤：

```
1. 评估具体企业身份特征
1. 向往性的身份
2. 展示出的身份
3. 感知到的身份
2. 分析差距
· 差距 1　　向往性的　 vs　展示出的
· 差距 2　　感知到的　 vs　展示出的
· 差距 3　　向往性的　 vs　感知到的
3. 着重选取有利于向员工传达新战略目标的特征，完成清单
```

图 2 - 7　战略与具体身份特征的适配

第一步，为描述企业向往性的身份、展示出的身份、感知到的身份收集实际的特征。

第二步，分析这三种身份特征之间的差距。

第三步，经理必须决定哪些特征是在构建一个旨在与员工传播战略的叙事中的重点。

与雇员行为的适配

经理有一系列指标监控新战略支持的进展。最直观的一个就是仔细观察员工在会议、聚会和出游中的一言一行。经理在企业的职位越高，就越容易观察出员工中的基本趋势（只要有出游或者跨部门传播的机会）。

汉布里克（Hambrick）等人的著作却揭示了高级行政人员常常被有限意识（bounded awareness）所束缚的事实。也就是说，不论是有意识还是无意识的，他们常常不能弄清企业内部发生的实际情况。这部分是由于未能及时发现相关事件，另外一部分则是企业沉默（corporate silence）的表现。企业沉默是一种产生于恐惧的恶性循环（spiral），解释了为什么员工很少讨论企业相关的趋势。企业沉默是一把"双刃剑"（说它是"双刃剑"是因为一些经理偏爱这种无知带来的安宁），带来无数问题，并最终将失去员工的支持。因此，早期预警（early‐warning）系统绝不是奢侈的投资。

员工行为：监测参与度

处于企业层级金字塔最顶端的经理们深知在实施战略时耐心的重要性。有了耐心，才能动员所有与行动相关的人员齐心协力达成目标。但很少有员工不加解释就能理解，或者完全明白打造比较优势不是一朝一夕就能完成的道理。更有甚者仅仅因为新步骤与之前企业的信息不一致就把它们都当作是毫无逻辑的。

要想战略改变顺利进行必须将所有员工的行为决定和企业期望的改变统一起来。这需要员工的顺从和充满热忱的合作意愿，这也是众多机构对员工参与度饶有兴趣的原因所在。

大多数参与度调查都是面向全体员工的，并且与员工满意度调查可以比较来看。因此，高管们可以直观地了解哪个部门的员工全面投入了，哪个部门还需要继续努力；哪些一线经理发挥了实际作用，哪些没有。因此，参与度调查的结果常常与工作表现评估和奖赏体系挂钩。常用的监测工具有盖洛普 Q12 问卷，它重点关注表 2 - 5 中的 12 个问题。

表 2 - 5	盖洛普 Q12 问卷
问题 1	我知道对我的工作要求吗？
问题 2	我有做好我的工作所需要的材料和设备吗？
问题 3	在工作中，我每天都有机会做我最擅长做的事吗？
问题 4	在过去的七天里，我因工作出色而受到表扬吗？
问题 5	我觉得我的主管或同事关心我的个人情况吗？
问题 6	工作单位有人鼓励我的发展吗？
问题 7	在工作中，我觉得我的意见受到重视了吗？
问题 8	公司的使命目标使我觉得我的工作重要吗？
问题 9	我的同事们致力于高质量的工作吗？
问题 10	我在工作单位有一个最要好的朋友吗？
问题 11	在过去的六个月内，工作单位有人和我谈及我的进步吗？
问题 12	过去一年里，我在工作中有机会学习和成长吗？

员工行为：监测协同性

将微妙的理念融入参与度阐释中是一个不错的开端，但却远远不够。在消费者调查中，顾客认知、感受方面的数据的确很重要，但如果与其购买意图，或者换句话说，与其实际行为毫无关联，那么对市场经理来说只不过是一串数字而已。同理，在调动员工参与到新战略中来时，得人心是核心，也是出发点，但经理们不可尽信态度调查的数据。

协同员工的行为并非易事，但如果协同的效果是积极的，就能给企业带来利益。企业执行委员会（Corporate Executive Board，CEB）一份 2007 年的调查显示，员工对企业或者企业中某个人物的忠诚度、工作的投入度以及留职时间的长短取决于他们是否对企业有承诺。[1] 在这份调查中，CEB 引进了"10∶6∶2 法则"，即协同力每增长 10%，员工的付出水平便提高 6%，从而他们的实际表现提升 2%。除此之外，员工承诺每提升 10%，他们离职的可能性便降低 9%。

留住老员工企业便能避免招聘、培训新员工带来的风险和成本。事实表明，比起单纯让他们留在岗位上，设法为员工提供价值感、满足感和幸福感更重要，并且对提升企业表现有长远可见的效果。1999—2008 年，一组由《财富》"100 最佳雇主"组成的金融产品组合年收益 4.1%，远远超过各大公司。数据由芝加哥大学研究生院经济学研究部门——证券价格研究中心（Centre for Research in Securities Prices，CRSP）提供。

简而言之，企业要实现价值最大化就必须协同员工，调动员工参与的积极性。凝聚个体力量朝着一致的战略目标进发，企业将从毫无生机的法律实体进化为有生命、有呼吸、竞争力超强的有机体。在多变的经济周期中，在市场风云变幻时，在各种分散注意力的干扰中，企业始终不能忽略员工的态度和承诺，而且应该在经济低谷时在协同员工方面投入双倍的精力。这么做不仅可以强化忠诚度和参与度，而且还能在企业低谷时留住人才。

成功动员员工以优化企业表现需要理解、信任员工实际行为方面的硬性数据（hard numbers）。衡量员工实际行为的工具常常也是衡量协同度

---

① 焦点小组（focus‐group）是一群来自各阶层的成员，讨论某专项问题的小组讨论；所得信息常为市场研究者或某政党所用。——译者注

的工具，比如声誉研究所开发的 RepTrak™ 协同力监控（RepTrak™ Alignment Monitor）。战略协同力监控（The Strategic Alignment Monitor）则基于内部调查，一般通过企业邮箱向各层级的被选调查对象发送一份调查问卷。调查结果以一个 0—100 之间的数字呈现，数值低于 50 表明员工协同度低，高于 60 表明协同是有效的，超过 70 表明是世界级的协同水平。

　　建立员工协同并非易事，我的研究经验所得公司达到 60 以上的分数是非常不容易的。然而，只要得分为正，就能给企业带来利益。图 2－8 阐释了 RepTrak™ 协同力监控模型的运作机制。

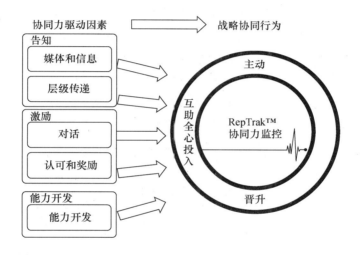

图 2－8　RepTrak™ 协同力监控（声誉研究所）

　　对战略的"支持行为"是：整个模型的假设基础，衡量方式是被调查者为一些问题打分，比如："我的同事在多大程度上与企业的倡议行为一致？"或者"在实施战略目标时，大家是否互相帮助？"

　　只有员工意识到并熟悉核心战略，表达他们对核心意图的积极感受，完全理解战略的内容，才会相信并参与到战略实施中。但是，各种调查表明，在创造协同行动时，这是最难突破的"瓶颈"。如果企业没有投入足够的时间和精力解释战略，即使受过高等教育的员工也很难正确地理解。

　　但是，构建协同也是有章可循的，有三种管理手段可以促进协同力的形成，即告知（informing）、激励（motivating）和能力开发（capability development）。告知由两大驱动力组成，其一是协同媒体和信息，也就是

拓展案例 2-2 南非电力公司（Eskom）

 先观己身：一个来自南非的案例

南非电力公司（Eskom）是南非最大的公用事业公司。南非全国95%的电力来自 Eskom，约占整个非洲电量的45%。Eskom 拥有员工3.3万名，像其他能源公司一样，面临来自公司内外的各种问题。声誉研究所的 Rep Trak Deep Dive 调查表明，公司内外的大部分利益相关方对 Eskom 持消极态度，员工并非十分支持公司的关键战略。

据声誉管理专家 Khumo Mohlamme 透露，为了一探究竟，Eskom 控股集团采用 RepTrak 协同力监控分析出三种内部战略优先项，并描述了员工理解与战略实施之间的差距。一项针对有网络的员工的调查表明优先项包括金融和基金计划，供应链质量和扩容计划。另外，绝大多数员工感到自己被排除在决策之外，只有那些经理参与决策的部门了解公司围绕这些关键目标做了什么，信息就像被存放在仓储筒里一样被隔离在各个部门、各个小组和发起人之内。

除此之外，这些商业概念本身复杂难懂，甚至只有内行人才能理解，这样，员工对战略毫无概念就在意料之中。如果没有管理层和传播部门的关注，他们也不可能明白。

如今南非电力公司已明确协同所需的主要驱动力并由此开发出提高员工支持度的路线图。一场内部传播运动开始了这次变革，企业向员工提供了大量的信息。后续调查表明企业将员工包含进战略之内，告知员工，向他们咨询对战略优先项，尤其重要的是对那些关乎日常工作的关键决定的看法。更为重要的是，现在南非电力公司的员工正投入到一项建立声誉的重要任务中——作为企业的宣传大使，他们将开始向积极方面引导大众观点。

统一内部媒体的展现方式和给人的感觉。其二是通过层级传递的原则
（cascading principles）调动中级管理层。激励最突出的特点是对话（dia-
logue）、认可（recognition）和奖励（rewards）方面的投资。最后，能力
开发意味着管理层在战略目标的情况下培训员工的努力。

收集的信息以两种方式呈现：第一种是总体报告展示相关单元的差
异，比如地区、部门、业务单元或者人口学单位之间的，使高层得以了解
年龄、任期、性别、职务高低对协同力是否有影响。第二种是一份对比报
告。我们曾调查全球数百家企业的数千名员工，并根据调查结果形成一个
基准（benchmark），将具体企业与此基准对比后，我们可以辨别出企业在
协同驱动力中的强项和弱项，比如经理和员工传播专家的工作质量如何。

在图 2 - 10 中，我们可以看到飞利浦和 TNT 是如何使用 RepTrak™协
同力监控模型的。

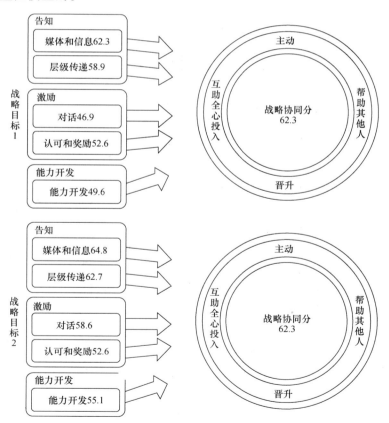

图 2 - 9 RepTrak™协同力监控整体结果展示

PHILIPS

从分裂的群岛到协同的公司

20世纪90年代，为了挽救在破产边缘的公司，飞利浦走上了转型之路。公司启动了一批降低成本的项目，辅之以提升顾客专注度的倡议，并将产品组合重新转向医疗、生活方式和科技。新的战略也顺势而生：精于心，简于形。

然而，受长期降低成本的项目影响，21世纪初，飞利浦的员工忠诚度并不高。几年内，声誉研究所一直以一系列的战略协同监控模型监测全球飞利浦员工的忠诚度。由此，飞利浦能准确把握哪些传播倡议卓有成效，哪些不尽如人意。

避免传播的层级障碍

2005年，TNT对其从邮递员到高层的全球员工进行了首次主要目标协同力调查。结果显示，TNT的层级传播并不有效：TNT必须先保证管理层了解，而后才是将信息传达给全公司的雇员。

2007年，TNT进行了第二次战略协同监控模型调查。这次调查的对象只有TNT的管理层，重点评估他们与主要目标的协同度。结果显示，如今经理们充分理解企业目标，并自发地支持企业。

图 2-10 两家跨国企业的战略协同监控实例

战略与员工行为间的适配

从图 2-11 中我们可以看到，判断战略意图和员工实际行动间适配度将分三步进行。但管理层需要一个更具体的数字来了解员工知道什么，在多大程度上积极响应新的战略目标。在适配度较低的情况下，管理人员还需要深度分析具体层面的问题，从不同业务单元、不同国家或者不同层级出发，将企业与一个相关的基准做比较，或简单地将目前的状况与前一段时间的情况相比较。这些步骤有助于全面评估支持和协同的满意度。另外，适配度越低，管理层越需要在加强推动战略接受度上努力。

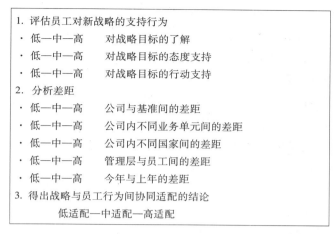

图 2 – 11 战略与员工行为间的适配

整合三组情报信息与路线图

本章主要讲述了在付出行动提高员工协同度之前，管理层应该如何收集企业典型特征方面的情报，并加以评估。三组情报是相互关联的，两组用于企业整体和具体的身份特征，另一组反映员工与新战略的协同度。概括说来，这三项内部调查为内部协同计划提供了决策信息（见图 2 – 12）。

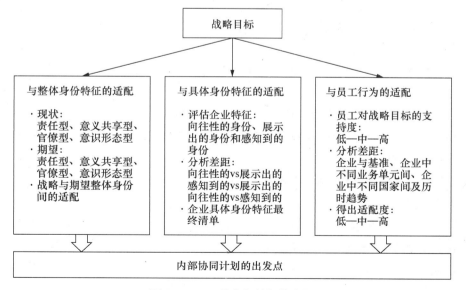

图 2 – 12　三种内部情报的来源

将精力集中在少而精的议题上是非常实际的做法。通过三项内部调查，经理可知应该优先关注哪些问题、哪些人，避免网撒得太大，把精力浪费在不相关的问题上。如果高度的抵触情绪不可避免——比如新战略将极大地改变员工原有的工作方式，一张更为精密的路线图就必不可少。还有一点不得不提，不论调查结果如何，员工一定只在看到互利共赢的情况下才会听从经理的劝说，与战略协同。

有时不是了解阻碍的存在就一切顺利了。企业整体的改变需要高层根本态度的调整。

因此，除了收集情报，了解员工的感受如何，是否信任，会如何行动之外，管理层也要"三省吾身"：为了达成战略，我们愿意做出哪些自我改变？员工看到自己上司的态度转变，并感受到这些变化带来的积极结果，他们也非常可能仿效经理，由此产生良性循环。

注释：

1. L. L. 康明斯和 B. M. 萧：《企业行为研究》，JAI 出版社 1985 年版，S. 艾伯特和惠顿"企业身份"一章，第 263—295 页。

2. K. S. 卡梅隆和 R. E. 奎恩：《评估调整企业文化》，爱迪生韦斯利出版社 1999 年版。

3. H. 明茨伯格：《组织结构》，学术服务出版社 1992 年版。

4. C. 汉迪：《管理之神：风云变化的企业世界》，纪念品出版社 1978 年版。

5. 维基百科网站：http：//en. wikipedia. org/wiki/Organization（访问于 2010 年 5 月 3 日）。

6. M. E. 艾尔斯塔克、C. B. M. 范瑞尔、M. G. 普拉特：《为什么是身份？企业身份动机中的自我强化和自我一致》，《研究报告》，鹿特丹管理学院，2010 年。

7. G. A. J. M. 贝伦斯、C. B. M. 范瑞尔、G. H. 范布鲁根：《企业协会与消费者产品反馈：企业主导品牌中的协调者》，《市场期刊》2005 年第 3 期。

8. M. E. 艾尔斯塔克、C. B. M. 范瑞尔、M. G. 普拉特：《为什么是身份？企业身份动机中的自我强化和自我一致》，《研究报告》，鹿特丹管理学院，2010 年。

9. 同上。

10. 同上。

11. D. C. 汉布里克：《钟爱理论的管理：好事还是坏事?》，《管理学院院刊》2007 年第 6 期。

12. 盖洛普网站：www. gallup. com/consulting/121535/Employee – Engagement – Overview – Brochure. aspx（访问于 2011 年 7 月 11 日）。

13. 企业执行委员会：www. clc. executiveboard. com（访问于 2011 年 3 月）。

14. C. B. M. 范瑞尔、G. A. J. M 贝伦斯、M. 迪杰斯特拉：《激发员工战略协同》，《市场调查期刊》2009 年第 7 期。

3 开发内部协同路线

若要从企业内部取得对新战略的支持，就需要清楚地了解企业组织的各类区别性特征，包括一般性的和具体的特征。此外，还要知道员工对企业目标的支持程度。虽然企业的高级主管往往是一项战略计划的领头人，但企业的传播专家才是对企业诞生、部署以及企业成功实施计划起到关键作用的人。传播者的工作不仅仅要与企业的高级主管取得一致，而且还要完全融入营销部门、会计部门、信息技术部门以及人力资源部门等各部门专业人士的工作中。实际上，形成一个协同良好的员工队伍需要组织内几乎所有岗位和所有部门的共同领导及执行。

开启新一轮的战略转型是一回事，为其赢得持久的（sustainable）支持则是另一回事。后者需要建立和执行一个能够将各个部门经理的工作结合起来的路线图，并对工作要求和激励机制进行复杂的综合考量。这里主要有两组策略：一组策略可称为谈判类型（negotiation），包括与企业内部组织代表的磋商手段（consulting）以及与企业内部决策者的对话手段（dialogues）。另一组策略为对峙类型（confrontation），包括在第一章中讲的高压手段（power play）和回应手段（mirroring）。

战略执行过程往往以与内部利益相关方的谈判型为起点。举例来说，在欧洲，公司采取行动前取得工会以及工作委员会的支持是至关重要的。这就需要通过一系列的会议和解释来说明某一战略变化对就业保障的影响和对工作执行的更高要求、新的组织结构或者新的评估体系。通常这类谈判型是由高级管理层主导，人力资源部门提供协助。战略执行的下一步是逐步取得企业内部的支持，首先在管理层会议当中明确战略，其次在信息化对话会议和市政厅式讨论中与更大范围内的一般员工对话。在这一步中，起主导作用的仍然是高级管理层，传播部门起辅助作用。

在使用对峙策略时，一开始往往要变动组织结构，发布新任命，甚至是替换现有管理层。同时，如果新的体系有需要的话，还要对评估体系做出调整。这就是典型的高压手段，因为员工都要被迫接受这些变动，否则就要另谋高就。

说服员工表现出内部协同，不一定要用如此正式的方式。内部传播，甚至是通过内部传播和针对外部利益相关方的企业广告来让员工直面一些不可避免的尴尬信息等方法也是可行的。由于这种策略能让员工直观地看清新战略的真实情况，所以，我将其称为"回应手段"。除此之外，越来越多的公司也在实行一种更为新颖的策略，即雇用一批顾问来"指导"（coach）执行官和经营者传递新信息。我个人甚至见过专业演员为执行官们提供指导，使其无论是在面对面的会谈中还是在网络视频中都能变得更有说服力。虽然只有一小部分人具有天生的领导力，但是，其他人也可通过传播方面的指导和培训来弥补不足。

然而，使用这些技巧也有不同程度的风险。很明显，高压手段风险最高，与员工进行旨在达成共识手段的谈话次之，磋商（consulting）手段和回应手段风险最低。相关总结见表 3 –1。

表 3 –1	内部协同的建立技巧
谈判类型	对峙类型
磋商手段 · 向工会作陈述，并与工会谈判 · 向工作委员会作陈述，并与工作委员会谈判	回应手段 · 因内部消息传递而带来的消息曝光 · 利用对外企业广告来说服企业内部受众 · 将指导员分派给企业主要经营者，以调整各角色的行为
共识手段 · 市政厅式会议 · 管理层会议 · 即兴大讨论（Jam session）	高压手段 · 新的组织结构和决策程序 · 重新任命关键岗位经营者 · 内部培训项目中的能力开发 · 新的评估准则

员工往往难以说服

要使公司员工接受新的战略目标，需要的远远不只是使用"正确"的策略。无论管理层下多大力气，归根结底，接受、拒绝或者干涉这些改变的还是各个员工，而新老员工自然会抗拒这些新的改变。老员工往往十分珍惜现有的工作程序，他们已经习惯了，所以不想去适应看似难以预料的新工作模式。新员工同样也很难被说服，只不过原因不同而已。

这种躁动不安往往掺杂着所有年龄段的员工对商业世界的愤世嫉俗和不信任。近年来，员工诈骗自己公司的案件飙升，在 The Network 公司〔总部位于美国，是一家为大型跨国企业提供服务的合规公司（compliance company）〕开通的举报热线当中，关于这方面的举报电话如今占来电总量的 21%。这一现象带来了几个疑问：企业的不负责任以及全球信贷危机是否已经削弱了员工对公司的忠诚度？还是企业自食恶果？因为企业针对员工的政策和行动清楚地说明忠诚的价值已大不如前了。

员工间的协同的确能增加价值。如果经营者即将做出新的改变，那么就要严肃对待员工对改变的抗拒以及对入职承诺的轻蔑态度。有许多例子表明，企业可以成功地做出改变，并继续使员工接受新的企业愿景，但是，要做到这一点，既需要做大量的工作，又需要一个能严肃对待员工关切的管理层。

管理层大可以用强制手段要求悲观消极甚至是抱着怀疑态度的员工立马表现得像是企业中忠实的专业人员一样付出努力，甚至牺牲私人时间来帮助企业获得成功。然而，一个协同的组织自然会有较高的员工参与度、各级员工的企业家精神以及经营者与员工之间真挚的关系，组织中的员工们都认同企业的战略规划，并相信员工间的协作能发挥作用。

想象一下，有这样一只赛艇队，他们的训练目标是夺得下一场比赛的金牌，打败所有竞争对手，最终取得胜利。目标能否达成取决于所有桨手是否能够协调一致地划桨。虽然各个桨手在体力上可能有所不同，但是，让船全速前进的是桨手们集体的、同步的动作，同时，对团队的坚定承诺也是克敌制胜的一个原因。虽然说一个团队的力量会受制于团队中能力最低的成员，但最重要的还是这个团队集体的力量。在整个过程当中，包括船舵上呐喊鼓舞队员的艇长在内的所有队员之间形成了一个持久的精神纽带，最终升华为超越了个人成就感的一种集体自豪感。

若能成功地将员工个人的抱负转化为相互协同的共同抱负，那么公司就有机会取得以下成就：

· 将分散的部分整合，从而创造更高程度的竞争力。

· 员工间有了共同的抱负，并十分清楚如何通过自身努力为公司整体战略做出贡献，以及在公司实现目标后会得到什么样的奖励。

· 公司会集中力量实现与外界相关的一些成就，通常指与竞争对手竞争，这样一来，公司可以更好地集中于发展全面的营销途径，提高反应能力，并在此过程中增加顾客满意度。

· 公司的培训以及学习项目会继续有条不紊地进行。

· 吸引并留住高层次人才。这样一来，"公司整体"（One – Company）就能够通过自身的力量永久地存在下去，并在长时间内不断提升自身的竞争力。

图 3 – 1　将个人抱负整合为集体目标

实现内部协同的路线图

协同的组织能更好地适应不断变化的环境，更好地应对衰退，也更有能力在这个瞬息万变的世界中留住高级人才，树立行业领导地位。然而，心态（mentalities）并不是一夜之间就能改变的。人类都会本能地抗拒改变，尤其是大的改变。有经验的经营者不仅知道这一点，而且还必须要想办法促使员工更快、更顺利地接受新的想法。

首先，我们先看一下管理层需要做的四项工作：

· 向员工告知（informing）新的战略及其意图，以及这一战略对他们的日常活动、职业生涯以及组织的未来有什么影响。

· 通过强调个人机会以及新战略的优点来动员（motivating）员工，同时，清楚地说明组织希望员工能够在完成手头工作的同时执行新的战略。

· 能力开发（capability development）。通过培训和教导重要职员，指导他们适应新的要求，从而使全体员工能够执行新战略。

· 监测跟进结果（tracking and tracing results）。利用清晰且可达成的基准和里程碑向经营者展示在变革执行过程中哪些工作有效、哪些无效。

管理层在完成这四项工作时要采取不同的方式，至于具体采取哪一种方式则取决于以内部谈判型为重点还是以让员工直面已经做好的战略选择为重点。表3-2对这一情况进行了具体说明，并提供了具体实例加以阐释。

表 3-2　　　　　　　　　　内部协同路线

策略	谈判（Negotiation）		对峙（confrontation）	
管理层工作	磋商手段	共识手段	回应手段	高压手段
告知	高级管理层解释公司的新规划。针对新规划给员工带来的影响，做出可能的调整	高级管理层在对话会议中测试新规划可能会引发的改变	通过证言以及事实的曝光，让员工了解到新战略的成功实施、企业广告体现公司对员工的期许	宣布新结构、任命以及评估准则
动员	让员工了解客观事实，体现出支持新战略的必要性	在某些业务部门探讨关键绩效指标（KPI）以及成功所需的条件	奖励透明化	展示成功，奖励成功
能力开发	宣布培训机会	具体解释培训内容和机会	在销售部门实行客户管理	提供相关的培训和指导
监测跟进结果	按照指定标准来衡量竞争对手的成功	按照指定标准来衡量竞争对手的成功	衡量成果	衡量成果

说，则是"精于心，简于形"（sense and simplicity）。

在公司 120 年的发展历史当中，大部分时间里飞利浦的组织形式都是以若干强大的部门为核心的，这些部门在某种程度上是独立自主的。员工在他们自己的部门内部表现出众，而且相较于整个企业来说，员工很有可能与自己的部门联系更紧密。毫无疑问，"一个飞利浦"（One Philips）的理念对飞利浦员工来说既怪异又陌生。要让这一理念变为现实需要一个循序渐进的管理改革计划。21 世纪的头 10 年，飞利浦董事长兼首席执行官杰拉德·J. 柯慈雷（Gerard J. Kleisterlee）领导了此次变革。

柯慈雷生于德国、长于荷兰，先后在耶稣会高中和埃因霍温理工大学（Eindhoven University of Technology）接受教育，最后成为一名电气工程师。与父亲一样，柯慈雷的整个成年时期都是在飞利浦工作的。在飞利浦多个高度独立的部门担任过职员和经理之后，柯慈雷最终在 2001 年 4 月成为飞利浦新任董事长兼首席执行官。

拓展案例 3-1　飞利浦新战略的关键点

PHILIPS

使命

通过及时推出有意义的创新产品，改善人们的生活质量。

愿景

在当今世界，人们日常生活的各个方面都在日益复杂化，我们力求把"精于心，简于形"的创新带给人们。

价值观

客户至上、言出必行、人尽其才、团结协作。

品牌承诺

我们通过履行"精于心，简于形"的品牌承诺使人们从创新中受益。这一品牌承诺概括了我们的决心，即提供"创新先进、轻松体验和量身定制"的解决方案。

在整个 20 世纪 90 年代，飞利浦的整体战略常常是互不协调、各自独

立的部门战略的总和。不过，因为飞利浦技术发展杰出，产品销量也十分可观，公司仍然常常以每年至少10%的速度在增长。但2001年的情况急转直下，半导体市场崩溃，消费类电子产品因生产成本较高导致利润太低，已经无法维持公司的生存。飞利浦的获利能力瞬间降至极低的水平。

柯慈雷认为，飞利浦当时的各个部门就像是一支由许多独立船只组成的舰队一样，每一艘船都有着各自的身份特征。他当时"决心将飞利浦的各个部门改造成一支高效的舰队，以服务消费者需求为目标整合力量"。之后，他首先改变了公司的产品组合，从高销量产品转向高利润市场，即医疗保健、消费者生活方式以及照明等领域，同时要求飞利浦的医疗行业实现更高增长。同时，飞利浦首次采用了一个更为全面的营销模式，特别针对汽车行业、零售业以及政府部门的消费者。

2002年，飞利浦开始正式削减成本。公司砍掉了一项又一项高业务量的生意——公司达成相关交易，退出计算机显示器和手机市场；2006年，以83亿美元的价格出售了元件部；6个月后，出售价值33.6亿美元的中国台湾半导体制造公司。在柯慈雷的领导下，飞利浦的工厂数量由269家削减到160家，出售了如传真机等低增长的业务，并迫使各个部门实现服务共享。

撤资后的飞利浦拥有了一定资金，利用这笔资金，飞利浦收购了安捷伦（Agilent）和马可尼（Marconi）的医疗保健业务，并在2005年一口气收购了三家医疗保健公司。飞利浦还为其照明、消费电子以及家庭小家电器和个人护理部门进行了一系列收购。2007年年底，飞利浦完成了几项规模最大的收购，分别以51亿美元、27亿美元和4.3亿美元的价格收购了美国医疗保健公司伟康（Respironics）、美国照明器材制造商Genlyte和医疗系统和医疗服务提供商Visicu。飞利浦回购了价值50亿美元的自家股份来支持这些收购行动，可见，飞利浦高层对企业未来信心十足。

如今，飞利浦已成为全球最大的照明制造商，在全球和各区域内与大大小小的照明公司竞争。飞利浦也是全球三大医疗保健公司之一，与通用电气公司（General Electric）和西门子公司（Siemens）竞争市场。飞利浦还是欧洲最大的消费者生活方式公司。在2006年《环球企业家》（*Global Entrepreneur*）对他的一次采访中，柯慈雷说，"如果我们将飞利浦一百多年的历史看作是一部小说的话，那么我所在的这一章标题应该是'重新定位'"（Repositioning）。

　　的确，柯慈雷将飞利浦重新定位成了一家以市场为导向、以客户为核心的企业，企业结构围绕三大产品市场组合建立，即医疗保健、照明和消费技术，飞利浦之所以选择这三大产品市场组合，既是因为这三大领域销量和收入的稳定增长，也是因为飞利浦有能力使其生产出的产品可针对消费者需求提供简单却有吸引力的解决方案。

　　围绕一个统一主题的对外广告宣传活动支持着飞利浦改变市场组合以及进一步明确市场重心。这一宣传活动的重心与之前截然相反，在"让我们做得更好"（Let's make things better）这一时期，飞利浦采用的是由内向外的方式，而这一次的宣传活动则展现了公司由外向内的新模式。公司对市场的主要承诺体现在了公司的标语中——"精于心，简于形"，这一标语表达了两个重点：第一点，是飞利浦决心为消费者提供有意义的产品；第二点，也是最重要的一点，应该以一种简单的方式将科技呈献给终端消费者，而不应该让科技成为只有具有工科背景的消费者才能搞清楚的高科技手段。

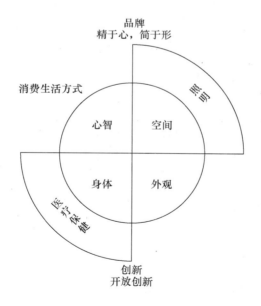

图3-2　柯慈雷时代的飞利浦定位

信息传递，从内部开始

这些改变并不是瞬间成型的，相反，飞利浦经历了一个长期的改良过程。让内部利益相关方参与建立"精于心，简于形"的范例并不容易。柯慈雷和其他的新战略缔造者必须要克服两个主要障碍，才能促使公司各级员工支持新战略。

首先，在推行之前和推行过程中都必须对新战略进行解释说明。对此，飞利浦找到了解决方法，并将其称为"接触点工作室"（touch point workshops）。在工作室中，飞利浦要求所有员工做到以下几点：（1）列举其所在部门的先进解决方案；（2）解释说明为什么能够轻松体验这些解决方案（也就是说，这些解决方案简单在哪里）；（3）解释说明如何以客户为中心来设计最终的解决方案。工作室为"精于心，简于形"这一理念提供了大量强有力的例证，精准地阐释了如何将新口号转变为对客户有意义的、实际的产品和服务。在这之后，公司高层又举行了数次会议，约1000名高级主管参加，会上飞利浦要求各位高管将公司新理念传递给下级约8000名经理。

其次，必须改变在飞利浦盛行了近20年的主导逻辑。虽然说各个半独立的部门一直以来都是飞利浦持续成功的关键因素，但是增长却掩盖了潜在的缺陷。各个部门既获得过偶尔的巨大成功，也有过彻头彻尾的失败。一些部门贡献了巨额利润，而另一些部门则遭遇高额亏损。柯慈雷希望各个部门的业绩更为统一，要达成这一目标，就需要削减业务量大、利润低的生意，并增加协同力。增加协同力就意味着要打破原有的部门结构。

关键决策者必须要接受并拥护新的主导逻辑。在改革前，飞利浦是一家由相互独立的部门组成的金融控股公司，对各个部门的评估，依据的是各自的业绩，但在改良过程中，飞利浦逐渐转型为一家战略控股公司，关注的不仅是各部门对公司整体业绩是否做出了贡献，还包括部门是否成功地促进了全球采购链的发展。飞利浦采用了一种全球客户管理方式，使客户和公司都从此次整合中大大受益。此举简化了全球各大零售业、汽车行业以及医疗保健行业采购部的工作。飞利浦执行副总裁兼执行董事会成员哥特弗雷德·杜德·杜德雷（Gottfried Dutiné）也说："如今他们面对的是一整个飞利浦团队了，而不是相互竞争、只关注自己产品市场组合的部门代表。实际上，我觉得要不是我们将销售工作都整合成这样一个巨大的全球采购集团，他们早把我们赶出去了。"

任命相信变革的人

柯慈雷认为，颇具潜力的医疗保健、优质生活以及消费科技领域能够带来较高的获利能力以及更为稳定的投资回报。颇为稳固的部门自治必须要通过大客户管理（key account management）让位于整合后的解决方案。此外，柯慈雷还认为，各部门应该进行合作研发。

像飞利浦这样的全球企业，变革仅仅是口头说说是不够的，不能确保整个企业都实现变革。在公司的理事会这一层级，柯慈雷任命了部门主管，并改变了他们的职责范围以及奖金体系，从而确保他们对待公司整体业绩能像对待自己部门业绩一样投入。金钱的确万能，柯慈雷很快就有了一支高度支持变革的队伍来推行飞利浦的新理念。这支队伍就是企业的高级主管们。虽然工作安排上发生了变化，高管们也没有丢失先前各独立部门领导对他们的信任。之后，飞利浦内部媒体开始定期发布一些支持新战略的信息。这些信息都是由比柯慈雷职位低得多的管理层发布的，从而向员工发出一个清晰的信号：高级主管与管理层都参与到了新战略当中。

但在柯慈雷时代初期，支持飞利浦新战略的员工人数还是很有限的，而互联网泡沫破裂导致飞利浦的新一轮成本削减，这使员工对新战略的怀疑进一步加深。随着飞利浦股票表现的改善，越来越多的员工开始支持公司的新战略规划，因为成为优胜团队的一员对自己总归是有利的。但在此次赢得员工信任的过程中，起到最大作用的还是柯慈雷本人的态度。柯慈雷在促进对话方面做出不懈努力的同时，还抱着虚心的态度听取所有符合"精于心，简于形"理念的提案。

长期以来，飞利浦的企业文化都是以工科思维为主导。通常情况下，几乎所有事公司都需要拿出具体的证据才能让员工接受。不过，颇受市场欢迎的产品也的确证明"精于心，简于形"的理念的确能扩大公司的产品销量，比如说，一款名为Senseo的简化咖啡机只为用户提供两种选择，"一杯"或者"两杯"，颇受市场欢迎。

最初，飞利浦的一些对话都是以"挑战与联系"（Challenge and Connect）工作室的形式进行的。在工作室中，超过 1500 名高管参与了会议，每次会议由一名执行董事会成员主持。工作室旨在发展单独的行动计划，来使公司能够在部门层面以及业务单元层面都能执行"一个飞利浦"的战略。该工作室取得了成功，在此基础上，公司又于 2007 年 11 月组织了"简约日"（Simplicity Day）活动，飞利浦当时的 12 万名员工都受邀提供意见和建议，说说他们认为如何才能用"简单"的方法来解决他们在日常工作中遇到的问题，这一做法实际上是将飞利浦的对外信息传递方式应用到了公司内部。类似的方案似乎也使建设性传播的气氛更加强烈，这在年度协同力研究中也有所体现。

图 3-3　用于"精于心，简于形"宣传活动的广告

理解方面的层级障碍

20 世纪八九十年代，飞利浦的内向型企业文化并没有刺激形成有力的企业传播，也没有增强人力资源管理的作用。然而，随着原来的部门结构被纵向整合后的三大互补业务取代，飞利浦的企业传播部门也创建了若干传播平台，平台的着重点不再是部门的目标和成就，而是整个企业的目标。该部门后来又增强了其内部媒体的一致性，使其主要关注关键的企业消息。当研究显示员工很少阅读内部媒体时，飞利浦又做出了一个虽然幅度很大，但却颇合逻辑的举动——大量削减以部门和国家为焦点的刊物。

企业传播部门使媒体的内容着重于团队战略，不管是企业内联网媒体还是全球员工刊物都是如此。与此同时，公司会根据"当地"媒体是否较好地报道了公司事务来评判部门传播部经理的业绩，并相应地发放奖金。

图 3-4　飞利浦的对话会议

除了传统媒体，飞利浦还利用了市政厅式会议跨级传播的技巧。在此类会议上，高级管理层会直接与员工讨论企业战略重心。但内部调研结果却显示，只开会不足以让各级员工了解到公司对他们的期许。年度协同力监测结果显示，各级员工还不能充分用言语表达公司新战略的真正含义。

为了试图解决员工对新战略缺乏理解的这个问题，飞利浦管理层增加了一些平台，通过这些平台，经理可以讨论、解释新战略以及在不同员工环境中应如何实施新战略。公司开始组织集中的对话会议，促使员工接受新的企业重心，在这些对话会议中，企业高级管理层会讨论来自员工的建议，进而实施"精于心，简于形"的理念。

尽管一般管理层以及企业传播专家做出了精心的努力，但是，飞利浦很多一线员工仍然不能很好地理解新战略，不仅如此，情况反而更糟了，因为第二次协同力监测的调查结果显示，员工比原来更不理解公司战略了。

出现这种情况的原因可以用我所说的"层级障碍"（cascading trap）来解释。在部门经理解释新企业战略时，不同经理对不同业务重点的阐释会影响信息的传播。虽然通常经理们也并不是故意如此，但这么做毕竟会改变公司本要传递的信息。基于这些调查结果，企业传播部门最终向经理们提供了原信息的摘录，并录了一个相关的企业视频从而"正确"地阐释企业目标。虽然这并不是最可靠的弥补方法，但也是形势所迫。

寻求其他部门的支持

将市场营销融入大客户管理体系这一做法既是启发于哥特弗雷德·杜德雷先前在摩托罗拉的工作经历，也是对重要客户严厉批评的回应。举例来说，沃尔玛（Wal-Mart）就曾明确表示，公司不想被一批不同产品部门的销售人员打扰，而希望能由一个客户经理来代表飞利浦与自己谈生意。飞利浦还发现，这种整合的方式可以确保自己能够更好地掌控企业治理。对管理者和股东来说，整合的市场营销体系可增加确定性，也就是说，公司对诸如《童工法》和可持续性方面的问题有决定权。

在转型之前，飞利浦长期在市场营销方面颇受指摘，设计优秀产品的研发部门在公司人员心中位居榜首，而且飞利浦也的确如相关争论中所说的一样，缺乏能在自由市场中百战百胜的营销技巧。一个典型的例子就是

Video 2000。飞利浦本想用 Video 2000 接续并取代之前推出的磁带录像机（VCR），但是惨遭失败。然而，随着公司的营销将全球的品牌宣传运动都整合到了"精于心，简于形"这个标语当中，公司的对外宣传也促使公司的内部对话与其产生了共鸣。

柯慈雷仍在寻找新的方式来吸引更多的员工参与到战略讨论当中，但与此同时，他还找到了 IBM 的前任首席执行官路易斯·郭士纳（Lou Gerstner）。在谈话中，郭士纳表示，他最担心的永远都是如何使员工与公司战略协同起来。虽然 IBM 也面临着与飞利浦相似的问题，但是，郭士纳的信息技术部门却协助建立起一系列的在线即兴大讨论，也就是一场由 IBM 的公司内联网支持的、有大批员工参与的头脑风暴。以各部门为核心的飞利浦当时还不能立即建立起支持这种交流的基础设施，然而柯慈雷采取措施，确保飞利浦 3200 万欧元的信息技术投资有一部分是用于全球在线传播的，后者从此便一直支持着公司战略方面的传播。

在此期间，人力资源管理也注重发展一批员工的职业技能，这批员工主要负责公司战略的实施；同时也在其常规评审系统中又建立了一个评估体系，该体系主要负责促进公司计划的发展。过去，飞利浦的职位升迁依据的是资历，但改革后，飞利浦建立了一个偏向以业绩为依据的评估标准，以此提升潜力大的员工。飞利浦还为经理们建立了一个新的业绩评估系统，从而奖励他们为公司业绩所做的贡献。甚至连会计部门也参与了进来，在为特定部门汇报数据之外，该部门还开发出了一套方法来记录各部门对公司的贡献。

信息传递和度量

协同的组织机构往往是要靠高级管理层的不懈传播来支撑的，高级管理层需要使信息横向、纵向地传播，从而使员工都加入进来，通力协作、积极参与。然而，如果高级管理层不愿意亲自出面，与员工进行诚恳的谈话，那么建立协同力就会是个很有风险且十分艰难的过程。一线人员所说的和所相信的都是建立协同力的关键要素，因为与包括消费者在内的外部利益相关方互动最多的正是这些一线人员。因此，高级理层需要了解情况。

在飞利浦，高级管理层是通过市政厅式会议来向下传播"一个飞利浦"战略的，在这些会议上，柯慈雷会用两小时来解释新战略，听众是关系相对比较近的 50—200 人组成的小组。如今，柯慈雷每年会举行 15—20 场类似的会议，员工可以提前上报他们提出的问题，柯慈雷会在会上即席回复。高管对公司事业的这种投入是十分必要的。员工所接收到的公司信息越真诚，他们就越相信自己能够为塑造和支持这些信息中所表达的公司战略出一份力，这样一来，他们的提议就会更加的可信和有吸引力。

虽然员工队伍可能表面上看起来是通力协作的，但是，要做到尽职尽责，管理层就应该对员工协同力进行常规的测试。价值观本来就是一个虚无缥缈的概念，所以公司必须看穿一些嘴上功夫，尽可能地对公司的进度进行量化。飞利浦利用两种方式来度量其员工的感受和行动：一是员工参与指数；二是协同力监测。高级管理层会紧密跟踪调查结果，并设立具体的、更为长远的目标，正如美国前总统罗纳德·里根（Ronald Reagan）就苏联的武器条约所说的那句名言一样，要"大胆信任，小心求证"（Trust，but verify）。

这样一来，飞利浦就可以量化不同部门和不同国家的员工对企业战略的认知、态度、理解以及具体付出的行动。他们可以找到员工具体在哪个领域无法在行动上做到与企业战略协同、无法驱动企业战略的实施。这些指标实际上就是让高级管理层时刻关注自己的员工，否则公司会追究其责任。这种关注力度似乎也取得了一定效果，因为虽然市场出现了波动，但飞利浦的员工参与度在 2009 年增加了 5 个百分点，达到 69%，与其预设目标仅差 1%；公司的协同力也增至 62%，在三年内增长了 5 个百分点。

取经飞利浦

从飞利浦的经验中我们可以吸取的一个重要教训就是，团结的力量对建立一个协同的员工队伍来说是极其必要的。高管所面临的关键挑战并不一定是设计一个超群的战略，而是要让战略最终得到成功的实施。这就需要强有力的公司领导的全力支持，让公司向着大家所期望的方向发展，并保证公司不会脱离发展轨道。只有营销部门、企业传播部门、人力资源部门、信息技术部门、财务部门以及会计部门中态度积极的专家对公司领导人给予支持，后者才能够长期保持成功。

一些最佳的、最令人信服的战略往往是建立在有启发性的公司目标和有战略意义的公司愿景之上的。如果经理们能够执行这样的战略，那么他们就会更加成功。要让员工、承包商、销售商以及其他非商业性的利益相关方认识并理解企业战略，企业传播部门的经理就要发挥关键作用。然而，他们的成功与否在很大程度上取决于其他部门同事的努力。举例来说，人力资源部门的经理就必须确保评估体系与企业战略相契合以及员工能够发展必要的技能；营销部门的经理则要负责把飞利浦呈现给商业性的利益相关方，但是，对于飞利浦和许多其他公司来说，在利用大客户管理来实现客户至上的理念这一方面营销经理的工作也是不可或缺的；信息技术部门通过便利公司内部信息传递来辅助公司传播部门的工作；最后，会计部门在掌控公司业绩以及各部门战略实施情况方面发挥着至关重要的作用。各部门经理的关键职能见图3－5。

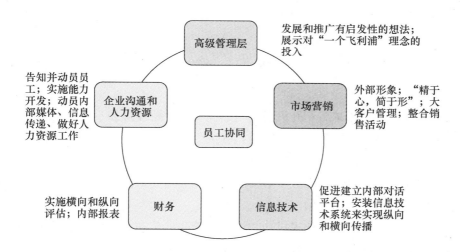

图3－5　建立"一个飞利浦"过程中五大部门经理的职能

从员工协同的角度看，我们从这个案例中学习到的第二点是，如果某一公司要在产品组合方面做了大的变动，就十分有必要将内部传播和外部传播结合起来。对飞利浦在荷兰和其他欧洲国家的元件和生产设备业务进行撤资是一个十分大胆的决定。这一决定使飞利浦有一个更加明确的公司发展重点，而且更为重要的是，使飞利浦的财务更加稳定了。将公司的发展重点转向医疗保健似乎是一个巨大的成功。然而，公司在这方面的成功也意味着在其他被撤资的部门工作的员工失去了工作。面对这个现实情况，传播部门的人员必须予以重视并采取一个平衡措施。向员工解释一个好消息或者坏消息对传播部门的专家来说是一个严峻的挑战，在内部和外部信息传递没有太大区别的情况下更是如此。我们从飞利浦这个案例中学到的一个重点就是，除了要清楚地解释什么是新战略以及为什么要实施新战略以外，公司还必须有一个对峙及干预战略，为公司实现新愿景而传递一些负面的甚至是大胆的信息。

第三点就是一致（consistent）的必要性。在内部要求和对外主张方面要做到一致；在表达对预期战略的信心方面也要保持一致。刚就任董事长兼首席执行官时，柯慈雷就遭遇了经济大灾难，这迫使他开始了一系列旨在降低成本的计划。他的顾问可能也向他建议，要实施一些更加安全的战略，但是，柯慈雷坚决地保留了他在医疗保健、照明和优质生活领域三大领域建立"一个飞利浦"的计划。

结　　论

协同的员工团队离不开积极参与的高管、中层经理和一线员工的共同努力。其建立、发展和维护都需要包括人力资源、市场营销、信息技术等部门在内的多个部门的协作。然而，高尚的价值宣言也不能是凭空提出的，它应该代表着组织内大多数员工的信仰。新的价值观和战略仅仅是建立和维持内部协同的开始。

如果一个企业想要获得成功，那么高管和内部利益相关方就必须针对建立内部协同的过程和进程问题进行长期的、多维的讨论。但是，即便是高管在会议上听到了自己想听的内容，也还是需要大量客观的研究来最终证实企业协同力以及企业战略确实得到了发展。

在改革的所有阶段，企业传播部门起到了一个特定的作用，这是其他部门做不到也无法负责的。这一作用就是生动形象地将抽象的战略所要表达的信息以文字和图片的形式传递给员工，在员工中产生感召力。文字能够表达信仰、价值观，还可以激励员工采取行动。文字和感受能够将员工与公司及公司战略联系起来，从而使员工的个人利益与公司利益融合在一起。这种由文字塑造的关键联系是一个协同组织的基石。

注释:

1. The Network 网站:www. tnwinc. com/index. aspx（访问于 2010 年 5 月 3 日）。

2. R. 库克森:《经济不景气助长犯罪,员工诈欺的动机增加》,《金融时报》2009 年 5 月 11 日。

3. 维基百科网站（Wikipedia website）:http：// en. wikipedia. org/wi-ki/Gerald_ Kleisterlee（访问于 2011 年 5 月 3 日）。

4. 声誉研究所,2006 年飞利浦 RepTrak™ 协同力监控（RepTrak™ A-lignment Monitor applied at Philips in 2006）。

5. L. 多赛特、M. A. 芳汀、T. 奥德里斯科尔:《重新定义 IBM 的经理互动》,《知识管理评论》2002 年第 4 期。

6. 维基百科网页（Wikipedia website）:http：// en. wikipedia. Org/wiki/ Trust,_ but_ verify（访问于 2011 年 5 月 3 日）。

7. G. 柯慈雷:《年度股东演讲》,2009 年 3 月。

4 以有效的内部传播建立内部协同

　　建立内部协同首先要收集相关的情报信息，再结合谈判型与对峙型。在实行这一路线图的过程中，企业传播专家起两个重要作用。第一，编写"企业故事"，体现企业与众不同的品牌定位。像可口可乐这样的品牌和品牌故事能够经久不衰，但是，对于大多数企业来说，一个制作精良的企业故事以及品牌推介，有效期只有5—10年，过了这段时间之后，生产线的变化或者企业战略方向的改变都需要企业提供一个改版的或者全新的企业故事。

　　企业故事编写以及企业品牌推广工作都包含在我所说的企业传播基础（foundation of corporate communication）当中。这其中主要包括五个方面的工作：（1）不断地收集关于新问题、企业声誉以及协同力监测方面的情报信息；（2）通过发放规定、指示、指南等来确保传达企业战略时保持一致；（3）创建或重组传播部门，明确其权力等级、具体任务、目标和预算；（4）确定企业在未来较长一段时间内的理想定位，并通过企业故事和企业品牌使这一定位与众不同。

　　第七章会对这些基础进行详细讨论。本章将会着重研究企业传播部门的第二个作用，我将其称为项目支持（programme support）。企业传播部门的日常工作主要是为企业项目提供支持，这些项目可能每年都会发生变化，而且其中心任务往往都是促进企业实现某一特定的战略目标。与企业整体的战略变革一样，项目支持的中心也是建立内部协同，所以，这两个领域的工作对传播部门的专家来说十分相似。有效的项目支持包括情报收集；将活动融入企业品牌的大背景；将信息传达给员工，动员并开发他们的能力；就任务分配问题传播开导员工。

　　我将企业传播部门的两大作用放在了组织战略改革的整体策略当中进行了总结，详见图4－1。

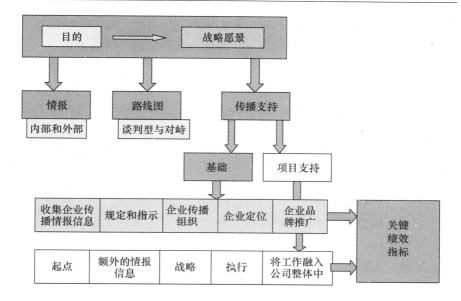

图 4 - 1 传播部门对建立内部协同的贡献

建立起内部协同项目中的传播支持

我们在上一章中提到，飞利浦鼓励员工支持企业实现其首要目标，即建立"一个飞利浦"。然而，从这一核心概念中也衍生出了许多其他项目，其中的一些项目针对企业 1500 名高管，其他项目目标是飞利浦的全体员工，还有一个项目旨在促使研发部、采购部以及销售部旗下的各部门进行合作。同样，公司会定期收集关于参与度以及协同力的基本数据，并为一些特殊的战略目标的具体项目收集额外的情报信息。比如，为一项针对 1500 名高管的项目从全球应对建立分享共同信息挑战的企业处收集信息。

在收集到了足够的情报信息之后，企业还必须做出一个关键的决定——项目定位。项目定位非常重要的一点是，项目必须与整体战略相一致，而且不能将其打造成一个全新的规划呈现给员工，要求员工完全改变其原来的工作方式。一致性，或者说员工眼里的一致性（这一点可能更为重要），可以大大增加建立协同力的可能性。再下一步就是处理一系列旨在建立和维护内部协同的信息。最后，若在项目执行的关键阶段对项目进行评估的话，经理就可以做出一些调整，从而增加其影响力。

内部协同项目的执行阶段可以简单地总结如下：企业内部传播专家通过告知员工、动员员工和能力开发这三项管理工作影响内部协同的成功建立。这三项工作都可以被分解为传播过程的四个纬度，即结构（structure）、传递流（flow）、内容（contents）和氛围（climate）。更确切地说，传播部门的专家必须挑选出最适合企业传播渠道的结构；选出最有效的故事传递流或方向；选取故事内容以构成一个令人信服的故事；确定员工眼中企业对自己的尊重程度；确定信息传递的所谓"氛围"。

当然，无论是官僚型、责任型、意识形态型还是意义共享型企业，在以上四个传播纬度内所做选择时都要考虑企业主要的整体特征。对这些作用的总结见表4-1。在解释和阐明表4-1中所用概念之后，表4-1将不再只是一个空表格，而将展现企业在决定利用上述某一特征之后进行内部传播所需要做的工作。

表4-1　　　　　　　　　　**建立内部员工协同传播计量表**

	告知				动员				能力开发			
	结构	传递流	内容	氛围	结构	传递流	内容	氛围	结构	传递流	内容	氛围
官僚型												
责任型												
意义共享型												
意识形态型												

建立员工协同该利用硬性措施还是软性措施

世界大型企业联合会（Conference Board）每年都会对美国企业经营者进行一次调查，调查内容是经营者认为在某个特定时期他们所面临的最大的威胁是什么。2003年，在安然破产以及《萨班斯—奥克斯利法案》

（Sarbanes – Oxley）出台后不久，世界大型企业联合会就出版了一份题为"打造战略商业协同"的报告。虽然这一模糊不清的标题可以有多种解读方式，但是，该报告主要讲的还是高管们担心他们的员工不遵守法律规定。这让美国高管夜不能寐，因为他们觉得自己还没有为应对新要求做好充足的准备。

在 2003 年的报告中，世界大型企业联合会提到了两种确保员工遵守法律的方法。一个被称作硬性措施，也就是说，对企业组织结构、汇报程序以及奖励体系进行重组，鼓励公司治理要合乎企业伦理。其他的措施则统称为软性措施，包括培训和内部传播。

在对高管进行抽样调查时，大多数高管认为，发展内部协同的最好方式还是软性措施。乍看之下，这一说法可能有些奇怪，然而，虽然硬性措施不可或缺，它们的有效期不过寥寥数月。虽然通过强调奖励来促使员工遵守职业道德规范在较长一段时间内有效，但企业显然不能一直裁员，不断建立新的奖励体系。然而，在员工自主安排工作这一方面，软性措施是最为有效的。在实际情况中，只有同时利用硬性和软性措施才能达成战略性共识手段。而从一个更长远的角度来看，软性措施似乎是最有效的。

这一结论使大家对内部传播在发展战略员工协同中的作用有了很高的期待。内部传播专家要完成三方面的工作，包括告知员工、激励员工和能力开发。根据表 3 – 2 给出的解释，传播专家还要负责监测跟进这些工作的结果。这些工作对传播部门的经理来说尤其重要，而员工在面对内部激励项目的时候则并不会注意到这些活动。在特定情况下，每项工作都可以促进战略协同。

告知员工

要实现员工协同，首先需要为员工提供三种不同的信息：

1. 旨在塑造员工对组织的积极态度，尤其是在新战略目标中的积极态度；

2. 关于战略目标本身，包括关键目标和证明集体组织可以如何实现目标的依据；

3. 如果战略可行，个人必须付出哪些努力。

这些信息的重要意义在于：第一，使员工有充分的机会达成企业对他们的期许，减少新工作或工作调动所带来的不确定感；第二，员工不确定感降低，他们对企业的责任感就会增加，这样一来，员工的业绩往往会得到改善。

　　为了详尽地告知员工，一个较为实际的步骤就是让员工接触到表里一致的关键信息，而且这个关键信息还要将战略内容浓缩，只解释其精华部分。这种"一级主旨信息"有很大的影响力，既可以塑造员工眼中企业的形象，也可以塑造员工对其所效力企业的信念。一般情况下，只要有必要，这类主旨信息就会一直主导内部传播，直到员工完全了解企业的意图。

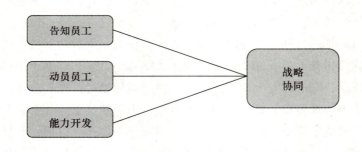

图 4 - 2　战略协同的驱动力

　　有了一级主旨信息之后，企业要采取的第二步就是通过企业的组织结构，利用高层管理向下逐级传递支持性的关键信息。在这种市政厅式会议中，高管会亲自做陈述，陈述中不仅包括战略的核心部分，而且会提炼出一个难忘的、通俗易懂的却又十分有感召力的企业故事。会议必须由一位颇受尊崇的高管主持，该高管要在保持信息内容一致的同时，避免对信息做过多解释。

　　企业媒体会原封不动地复述上述企业故事，同时，在某一特定业务单元的市政厅式会议中，其他部门的经理也要支持该企业故事。在高管这一层面也走相似的流程。这就是所谓的信息逐级传递，也是一种让中层经理和一线员工都参与进企业战略的有效方式。不过，第三章中提到的飞利浦案例说明，信息逐级传递也有其缺点。比如说，直线经理在报告中传递企业总部信息时，会无意识地对信息做一些调整。

激励员工

要让员工行为和业绩都达到理想效果，还需要看企业是否对员工进行了充分的动员，激励员工完成企业分派的任务。动员员工这一做法有几个特点，这些特点与员工的积极协同有直接关系。比如，提出清楚且可达成的目标能够进一步动员员工，从而提高员工业绩，但是，这些目标必须是员工个人或其所在团队能直接控制的。我强调这一点是，因为企业的奖励往往基于整体盈利，或者是企业在境外的某个营运单位的安全绩效，而这两者都不是大多数员工可以施加影响的。通过某些衡量标准来评判哪些人没有控制权，也算是商界最泼冷水的做法了。

除清晰地阐明战略目标外，提供战略目标的相关信息也可提高员工的积极性。与单纯发布指示、不做任何说明相比，给出清楚的基本原理，说明哪些行动可以协助企业达成其目标，能够使员工的积极性达到更高的水平。除此之外，允许员工参与决策，使其为企业的目标和实现目标的过程提供信息及想法，也可以增加员工的个人责任感和对企业的奉献精神。施密茨（Smidts）等人对此进行了解释。他们认为，企业要创造一个开放的传播环境。在这一环境中，员工可以参与决策，企业也为员工提供支持，这样一来，就会增强员工对组织的认同感。对于一个员工来说，通过自我归类可以增加自身的归属感；同样，如果员工认为自己在所效力的团队中是一名重要的成员，那么该员工也会不断提升自我，从而增加员工的归属感。反过来，这种员工认同感可以让员工付出更多的努力来支持企业的新战略。

就负面性而言，对"组织沉默"（organizational silence）的调查显示，如果管理层不鼓励员工积极参与或不听取员工意见，就会造成一个"沉默氛围"（climate of silence），在这样一个氛围当中，员工不愿意就重要的问题发表自己的意见。他们沉默，是因为害怕遭到嘲笑、审查，而且一些无法理性面对批评和质疑的经理不管员工的批评是否中肯和符合逻辑都会拿业绩评估来威胁他们。如果管理层没有定期征求回馈，或者对员工的建议消极回应或不屑一顾，这种氛围还会恶化。这种沉默的始作俑者是对一切形式的批评都予以生硬回应的经理。他们认为，员工都是受自我利益支配的人，基本不关心公司事务。

员工沉默会导致灾难性的后果。这种沉默降低了组织决策的效率，并会降低组织查错和纠错的能力，从而阻碍企业变革的成功。反过来，企业变革受挫也会打击员工对企业的奉献精神，降低企业协同力，并最终使更多的员工跳槽——身处不友好的组织氛围时，谁都会选择离开。

让员工积极参与、动员员工的理想方式之一就是组织对话。对话的基本原理是要征求员工的建议，了解他们对如何在当地最有效地实施战略目标有什么想法。战略目标既定，如何实施才是当地经理的重头戏。通过对话，员工更希望了解战略大局的内涵，更确切地说，员工更希望了解自己在此过程当中应当扮演什么角色。

如果经理已经准备好听取和坦诚对待员工意见，那么参与对话可以更好地增加员工的动力。TNT 在其对话会议中所采取的"直言不讳"（brutal honesty）方法对上述工作方式做了一个很有意思的阐释（见拓展案例 4-1）。TNT 是一家总部位于荷兰的邮政和快递公司，全球员工人数超过 15.2 万人，业务遍及 200 多个国家，营业额约 180 亿美元。

拓展案例 4-1　TNT 的直言不讳

TNT 公司传播部门主管彼得·范·铭德浩特（Peter van Minderhout）主张，TNT 所有管理层以及全体员工的协同和参与对实现公司每一位利益相关方的利益来说至关重要。得到理解和支持的方向感以及深切的归属感为公司的企业文化提供基础，或者说联系的纽带。范·铭德浩特认为，蒂姆·柯林斯的《从优秀到卓越》（Good to Great）一书给企业带来了很大的启发。"这本书启发了我们所有人，尤其是他的那个重要发现，即所有成功的公司都有直言不讳的文化传统。同时，这些公司也有自信可以解决所有的问题，"他说，"正直、诚实和自豪感已经成了我们工作的口号。"

TNT 首席执行官彼得·巴克（Peter Bakker）2005 年告诉美国有线电视新闻网（CNN），在动员企业员工方面自己身体力行，花费了大量时间通过逐级传递的方式与员工进行传播。虽然公司出版了许多纸质刊物来传递信息，但巴克个人还是强调"要走到员工当中去，听取员工的意见"。巴克主持定期的网上会谈，来自不同国家、不同级别的数百名员工都可以参与会谈。他每年还会在全球不同地区召开 15 场非正式的聚会，平均约有 250 名员工参与。

TNT 的对话会议与许多传统的市政厅式会议有所不同，而且严格遵循 TNT "直言不讳"的承诺。巴克将这种会议称为"格杀勿论式"（shoot to kill）会议。他邀请、鼓励甚至几乎是要求员工提出他们所能想到的最棘手的问题。考虑到文化的敏感性，他还规定，只有在"说话比较直接的国家"才可以开设这种会议。

虽然举行这种对话会议的公司都是想让尽可能多的员工参与进来，但是信息技术受限是一个明显的障碍。协同力最强的组织似乎都有成熟的信息技术系统，对话会议能够在全公司范围内召开，所有部门都能参与。IBM 首席执行官萨姆·帕尔米萨诺（Sam Palmisano）希望这种对话能够超越公司的等级限制，并突破这样一个全球公司的地理限制。因此 IBM 推动再现了爵士乐的"即兴演奏"，也就是一场"即兴大讨论"。这种基于内联网的交流渠道吸引了大批受众，包括许多愿意直率地提出有益建议的员工。"我对我们的即兴大讨论十分有信心"，帕尔米萨诺曾解释说，因为这种大讨论能使 IBM "各个阶层的员工分享他们的意见和建议……从而激发真正的改变"。帕尔米萨诺还称，这些会议使公司能够发现重要业务问题的规律和主题。

这些发现有助于简化 IBM 从一个责任型公司转型为拥有共同理念管理体系公司的过程。一线员工与 IBM 服务导向型商业模式的终端用户打交道，这一转型将给予他们补充支持。全球许多公司都向蓝色巨人 IBM 学习，在与员工的对话中告知他们企业的战略，并了解他们认为的实施公司战略的重要条件，同时也促使员工支持战略成功。

动员员工也需要在战略目标的大背景下认可并奖励员工。联邦快递公司（FedEx）在奖励员工方面有一个有趣的例子：业绩高的员工会因为提供优质的服务而得到"紫色承诺"（Purple Promise）奖（参见拓展案例4－2）。

能力开发

能力开发工作旨在提升员工的业绩。企业协同的程度取决于员工完成任务的能力，包括技能、习惯、隐性和显性知识。负责实施战略的经理所需的能力包括领导能力、传播能力、计划能力、常识以及与战略相关的专业知识，比如新产品开发或客户关系管理等。开发这些能力需要正式或非正式的培训项目，也可以在全企业范围内传播专业知识和特定信息，比如分发关于新计算机系统的小册子。

管理层对能力开发的重视除了可以提高员工知识素养和技能外，还会

拓展案例 4-2　联邦快递的"紫色承诺"

FedEx®在联邦快递，一大批信差、飞行员、客服人员以及包裹处理员配合其全球团队的工作，为客户提供一家物流公司应有的服务。每年为顾客提供卓越服务的团队成员将被授予"紫色承诺"奖。

联邦快递董事长、总裁兼首席执行官弗雷德·史密斯经常重申他对企业信息的承诺：

"一直以来，我们都在努力使我们与客户的互动与众不同。这一点无论是在网站上、电话中还是上门取送的过程中都不曾改变。如今，我们更加致力于遵守我们的紫色承诺，简单来说，就是我们联邦快递的所有员工将会尽我们所能让顾客每一次都能体验到联邦快递卓越的服务。"

带来次级甚至三级利益。提供培训机会，将灵活的工作能力为我所用，的确可以让员工感受到组织和领导对他们长期福祉的关心。这种感受可以使员工拥有更大的动力、更强的进取心，并最终增强企业的协同力。能力开发工作也体现了管理层为实施战略做的切实行动。员工实际能力的提高是可见的效果，除此之外，班杜拉（Bandura）的自我效能理论（self-efficacy theory）还指出，员工对自己能力的看法也有重要的激励作用。

动员员工、告知员工和能力开发是相互交织、不可分割的。如果缺乏其中的两种，那么剩下那一个的效果也会大大降低，甚至是彻底消失。而这三项工作做不到位的话，那么其他工作就没什么效果了。因此，经理不仅要对这三种类型的工作都给予关注，而且还应该利用内部调查来检测这些工作的共同效果。

传播的时机也很重要。举例来说，一旦员工已经充分了解了公司的战略目标，那么可能就没有必要再给予员工更进一步的信息。传播专家应该转而注重提升员工参与度，并促进能力开发。反过来，如果员工对战略目标知之甚少，那么将重点放在能力开发上就有些操之过急了，因为员工可能还没有看到战略目标与自己能力的关系在哪里。

表4-2 内部传播的过程和要件

要件	过程			
	结构	传递流	内容	氛围
告知员工	通过何种渠道？	向着什么方向？	什么内容？	多大的开放程度？
动员员工	通过何种渠道？	向着什么方向？	什么内容？	多大的开放程度？
能力开发	通过何种渠道？	向着什么方向？	什么内容？	多大的开放程度？

增加内部传播的影响力

　　告知员工、动员员工以及能力开发都利用了内部传播的四个特性：结构，包括内部信息传递的正式和非正式渠道；传递流，或者是组织纵向、横向和侧向内部传播的过程；内容，包括传播中的具体信息；氛围，也就是组织的情感环境，决定了成功传播的开放程度、坦诚程度以及全面程度。对这些方面进行综合考虑，就可以得到一个严格的、有序的传播方法，从而通过口头和书面的信息、行动以及结果来与员工进行传播。

　　要想在每个过程的各个方面取得成果，要注意几个关键点。此外，三大管理工作和上述的四个特性发挥作用的方式与第二章中提到的四个不同类型的组织结构发挥作用的方式有很大区别。下一段中会有详细解释。

内部传播：结构

　　内部传播结构通常与组织结构相一致。也就是说，组织进行工作安排主要依据的是：专业工作，如工程、信息技术、会计等；正式负责人及其负责事项；完成工作的员工来自中心地区的核心团队还是分散在各地或各个业务单元。所有这些方面的考虑都会影响企业人员相互接触的方式。

　　大多数传播专家都认为信息主要以三种不同的形式在企业内部传播（见图4-3）。专有或机密的商业信息通常是通过"正式传播"的方式，在直线交流体系中一步一步地传播并适当淡化。这种传播是严格按照企业组织结构进行的。首席执行官会告知下级领导企业对工作内容以及工作成果的期许，然后这些领导就会向中层经理解释，这些经理再建立备忘录或者与一线员工开会。如果将整个流程反过来，也就是说，让一线员工向上把信息传递给高管，也是一种正式传播的方式。然而，传播环节的增加就意味着信息干扰的可能性也就增加了，进而会造成曲解和误解等。

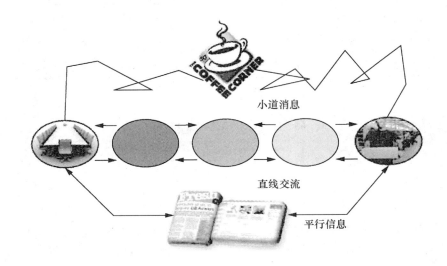

图4-3 内部传播结构

组织会通过"平行媒体"（parallel media）来试着减弱这种干扰所带来的影响。平行媒体可以是内部杂志、内联网站、信息公告板和会议等。表面上看，具体选择哪种手段可能要根据时下的流行趋势来定，实际上还是要依据科技来做选择。几年前，在公司内联网上发布视频短片是最受欢迎的高层传播方式之一。虽然这样一来，员工与高层之间就没什么空间进行对话了，但是这种方式还是很好地利用了高管与员工的时间，尤其是在传播不需要讨论的问题和信息时，这种方法更是节约时间成本。今天，利用博客来传递信息已经成了高管们的不二选择，而且鉴于社交媒体的特性和"规则"，使用博客要求高管对员工的评论做出回复。虽然大公司对内联网的依赖更深，但高管亲自与员工进行传播还是远远优于其他方法。

在组织内迅速传递信息的第三种方法是传闻。这是一种面对面的互动形式，信息往往像病毒一样传播，我们称之为"小道消息"。在前两种信息传播方式中，管理层掌控着信息的内容、形式和时机。而这种不被控制，而且大多无法控制的小道消息则由组织的低层员工"把握"。

约翰逊（Johnson）等人编写的相关文献说明，在员工眼里，直线传播比平行媒体更有意义。根据这些文献作者的说法，这主要是因为通过面对面接触来传递信息能够更好地适应发言人和听众的需求。如果提议是直接由管理人员宣布的，那么这些提议就更加易懂，且可信度更高。

这倒不是说平行媒体就没有效果。如果员工被反复暴露于某个信息中，那么员工的看法和行为意图肯定会受到影响。根据达顿（Dutton）等人的说法，平行媒体对"强迫"组织成员了解组织的目标、规范和价值观来说是很必要的。达顿等人认为，平行媒体能够让员工更多地接触和了解企业信息。这点并不意外，我们从广告调研中就可以看到类似的情况：重复可以让客户更加熟悉，尤其是更加欣赏某些商业广告及其隐含的意图。

从典型的员工角度来看，平行媒体主要在以下几种情况中最受欢迎：第一，为员工本人或是其所在团队的业绩提供回馈；第二，花在内部媒体上的时间让人感觉十分愉快或者十分有意义；第三，传播信息的途径和传播的信息是可信的。对内部传播工具的满意度主要根据以下几个方面衡量：有效性、可靠性、及时性以及员工是否认为组织坦诚、公开且真诚地向他们传递信息。

毫无疑问，对这些衡量标准的审计将区分出哪种渠道最有效。然而，若认为这样的研究结论能够可靠地评判传播质量，似乎有些不合逻辑。这不过评判了某些特定渠道的质量，而这些渠道所承载的传播在本质上却是广泛、多样、复杂和整体的。

内部传播：传递流

大部分传播发生在职能上有直接关系的人员之间。因此，如自上而下和自下而上的纵向传播比横向和侧向传播要常见得多。自下而上的信息内容大多是为了对上级领导负责，比如财务申报、销售额与人员数据的申报等。因此，讽刺的是，这些信息反而比自上而下传递的信息要多。

然而，特罗姆贝塔（Trombetta）以及罗杰斯（Rogers）的调研却显示，虽然负面信息向上传播得比较慢，但是它们向下传播的方式却快得有些奇怪，就像是被某种心理上的地心引力牵引一样。显然，在遇到坏消息时，经理们将消息传给下级总比下级向上汇报要容易些。不过，如果下级得到的是好消息，并且与自己的上级相互信赖，那么下级就尤其愿意将信息与上级分享。同样，如果员工认为与自己分享信息的人能够影响其职业

拓展案例4-3 西班牙天然气公司

gas Natural fenosa

两大公司、一次兼并和"我们的能源"

2008年年底，西班牙天然气公司收购了其竞争对手费诺萨联合集团（Union Fenosa）的控股权。显然，这次收购对这两家总部位于西班牙的公司来说都是一场"有变革意义的交易"（transformative deal）。作为一家拥有两万名员工、业务遍及全球23个国家的天然气和电力供应商，力量得到巩固就有足够的能力保住其在国内市场的地位，并且还能抵御其他虎视眈眈的国外公司。而处理好此次兼并对员工的情感冲击比任何运作上的细节都要重要。

西班牙天然气公司内部传播部门主管塞昆迪诺·穆诺兹·贝拉斯科（Secundino Muñoz Velasco）认为，兼并整合是十分耗神费力的，其涉及诸多方面，包括维持两家公司的日常产出；计划并实施多个部门和地区的重组；处理好整个变革，避免出现错误的同时也要确保变革过程中没有太大的财务损失。在兼并过程中，两家公司的员工自然都会感到焦虑，担心被解雇，担心他们的工作和未来。如果在进行兼并相关活动时没有提供充足的信息和准备时间的话，全体员工出现行为瘫痪也是不可避免的。

推出"我们的能源"

4月12日：在天然气公司和费诺萨联合集团的每台电脑上，员工都可以见到一条标语。员工意识到公司推出了新的商业广告，"我们的能源"这一平台正式开启。公司在推出这一平台的同时，还在各个中心张贴了海报。

对"我们的能源"最初的阐释包括首席执行官的演讲以及拍摄以天然气公司和费诺萨联合集团总部为背景的视频等，这些项目在推出的第一天就吸引了4.85万浏览量。

意识到这一概念的影响力之后，天然气公司和费诺萨联合集团在整合开始之前就关注起了内部传播。公司当时的想法是将员工的焦虑和恐惧转变为热情、投入以及对新公司的贡献。以公开透明的方式为合并后的公司打造一个积极的形象能处理不确定因素，降低员工的抗拒情绪，从而鼓励员工积极参与到传播过程中来。为了赢得支持、增加协同力，在整合的过程中，传播团队认为有必要创建一个"新概念"或是参考点来证实此次兼并的有效性，从而给予合并后的公司一个新的身份，让每个人明白公司不仅拥有一个光明的未来，而且还会给所有人带来新的机遇。这就是"我们的能源"，这几个字成为传播工作四大支柱中的第一根支柱。

"我们的能源"使公司能够回应员工的质疑、让员工直接了解合并的相关信息以及确保员工在整合两大公司的过程中能够发挥关键作用。这之后，传播工作直接促成了运作上的变革。以下是合并过程中的几个重点：

1. 内部传播运动——"我们的能源"：

（a）再造产品发布机制；

（b）树立有吸引力的形象；

（c）产品是崭新的，西班牙天然气公司也是崭新的、卓越的；

（d）通过各种渠道提供全部企业信息。

2. 直接传播：

（a）以面对面的形式向下逐级传递信息；

（b）是得到员工支持的主要渠道。

3. 交互式内联网：

（a）是"我们的能源"的平台；

（b）形式类似新闻报刊，内容具有吸引力；

（c）在一个通常十分不确定的、千变万化的环境中为企业人员提供信息。

4. 反馈/"听的温度计"（listening thermometers）：

（a）对内部传播来说十分必要；

（b）包括调查、建立焦点小组、采访以定期确定组织的情况和整体心态；

（c）增强企业反应能力和知识储备。

在实际操作中，实现成功合并的关键是直接传播，通过以下活动，直接传播的结果会慢慢展现出来。

·形成紧密关系（closeness）：董事长、首席执行官和新的管理层访问不同的总部和不同国家的分公司；

·做好充足准备（preparedness）：逐级传播使公司不同阶层的员工能够直接从他们的上级获得最重要的信息；

·参与（participation）：通过包括焦点小组和问卷调查在内的逐级传播方式实现自下而上的传播交流，从而反映出员工的担心和怀疑；

·培训（training）：外训、社交活动和会议都将必要的关注点放在了整合过程中的关键环节上。

如果说传播的目标是让员工对企业的兼并心怀热情，那么在合并后，员工与公司战略间的协同可以在下列员工的评论中清晰地体现出来。

·"我个人十分支持公司的传播政策和战略，祝贺你们能在这么短的时间在内部传播管理方面有如此出色的表现。祝贺！"

·"作为这个团队的一员、作为公司人力资源部门的一位主管，我特别感谢传播团队的努力，让我们能够了解公司的信息。我觉得你们发挥了关键作用，在我们公司面对如此重要的关口时担负了重任。再次感谢你们，谢谢你们协助公司实现合并！"

·"这一平台在合并过程中成功地传递着员工的热情，合并后公司一定会在未来取得成功。"

·"我爱这场运动。"

发展的话，那么他们也愿意与其分享好消息，而且这种影响力越大，员工分享的意愿就越大。

内部传播：内容

内部传播内容的满意度可以通过若干问题和评估来确定。第一，内容是否及时？是否易读？是否清晰易懂？员工是否觉得自己得到了足够的信息？多项研究发现，受访人很少觉得自己得到的信息是充分的。如果公文出现的太频繁、太重复，甚至开始干扰员工的工作，员工通常会选择对公文视而不见。但即使这样，大家依然觉得信息是多多益善。

第二，员工是否认为企业公布的信息有"反馈价值"，也是用于评判内部传播内容的方式之一。这方面的问题是：员工是否认为他们所收到的信息能够清楚地解释自己在组织中的作用？如果员工能够更好地看到工作带来的成果，企业也能重视员工，那么员工也会越加自信，同时也会更好地参与到企业工作中去。

图4-4　传播内容

另外，克拉姆匹特（Clampitt）和唐恩斯（Downs）发现，组织内的职位高低也会影响企业对传播有效性的判断。根据他们的观察，"无论信息是来自组织的还是关于组织的，员工职位越高，其对信息有效性的评价就越高。"我们还知道，管理层亲自对员工的工作给予积极反馈能够增加员工对工作的满意度，提高员工的个人生产力。所以，如果要实现良好的传播，传播形式就应该综合纸质文件、广播、新型社交媒体、高管的陈述以及员工与经理之间的讨论。

对企业认同度来说，还有重要的一点就是，员工收到的企业信息必须是可靠的。表彰企业同事的慈善工作、杰出业务表现以及特殊成就的内部文章、视频和报告能够让员工时刻了解到公司其他领域的信息。通过这些信息，企业员工就会更加觉得自己是组织内的人（in‐group），就有更多具体的理由来为自己的公司感到自豪、感到认同。

第三，员工对信息真实性的看法也是用于评判内部传播内容的方式。也就是说，这份信息像不像被高层篡改过或者带有高层的偏见？还是这份信息给人感觉是由主流报纸或杂志独立完成的？大多数的读者和观众都能分清这两者的区别。若一个企业故事只是委婉地、不痛不痒地提了两句"克服了挑战"，对企业遇到的困难只字不提，那么这样的企业故事就是片面的，字里行间都会充斥着"虚假"二字。不管是虚构类的还是非虚构类的，所有的好故事都有戏剧性的张力和冲突。即便是一篇文章或一部影片中的确包含着企业、政治团体或者权益团体的观点，如果观众认为这篇文章或这部影片整体给人感觉不够真实，那么这个故事就失去了说服力。如果企业传播能够把诸如就重要问题进行的关键性对话包括进来，真实地反映出那种自然的张力，那么其可信度就能大大提高。这就需要传播经理有胆识，同时还要有战略性和创造性的技能。

内部传播：氛围

传播氛围指的是组织内的开放程度。雷丁（Redding）称，积极的传播氛围应包括以下特征：成员间相互扶持、相互信任；成员参与决策；自信；有公信力；坦诚；最重要的是，能够实现较高的业绩目标。最后一点强调了强强联手在成功实现企业目标中的必要性。积极的传播环境明显能够使员工对组织更加投入、对高级管理层更加信任，如此一来，生产力自然而然地就会得到提升，因此，许多相关作者都认为传播氛围是内部传播最为重要的一点。

积极的传播氛围往往都有双向对话机制，并且还会让正式员工感觉到自己能够在内部决策过程中起到积极的作用。更为重要的是，良好的氛围能够为员工树立积极的自身形象提供一个理想的环境，这反过来又会大大增加员工对自身价值的肯定。而且，内部传播的真实性和质量与温和的传播氛围互为因果。如果企业认定任何的质询都代表着对企业的不忠诚，因而对质疑持零容忍的态度，企业成员之间也就互不信任。一家公司的精神氛围和文化是这个样子，那么良好的内部传播也就不太可能发展了。

四种组织身份特征中的内部传播协同

在第二章中讨论的四种组织身份特征明显来自截然不同的文化和氛围，其不同的信念和行为塑造了其有效传播的风格和传递方式。举例来说，如果某件轶事或故事能够增强制衡手段（checks and balances）以及双重制约（double checks）在企业中的效用，并能加固维持内部秩序的深层等级制度，那么可能会对官僚制度的企业很有吸引力，但在意识形态为基础的组织就不太可能引起共鸣了。后者最为重视在实现既定目标方面做出成绩，对账目登记和总务等事项并不特别看重。因为这些不同之处，如果要实现内部协同，那么内部传播必须要根据不同的组织身份特征做出调整。

官僚型

在管理官僚型企业方面，关键是要对初级程序进行管理，从而使管理成果较为稳定，并最终能够取得内部支持和外部的政治支持，其中政治支持尤为重要。因为官僚制度自然是要有具体的规定和指令，所以内部传播就要注重告知员工正确行事，并动员员工，强调表面上为了共同利益工作的员工们本质上正是企业的精英。能力开发通常针对的是能够改进整个社会秩序、责任以及纪律的技能和态度。

告知主要是由上而下的，因此无论在传递指示方面，还是检查规则执行质量方面，直线传播都十分关键。平行媒体也是必要的，特别对于规模庞大的组织，它们需要将额外的信息传播给大批分布较为广泛的员工。内部传播的内容大多集中于鼓励员工多为企业牟利这个主题上。官僚型企业氛围最显著的特征就是重视员工。但是，在官僚体制比较僵化的企业中，员工参与决策和灵活执行政策的能力就被束缚住了。

责任型

在这样一种管理体系中，如果企业能通过一个透明的程序来奖励员工对企业整体业绩的贡献，那么员工的业绩就会得到提升。所以，传播过程中与"告知员工"这个环节最密切相关的是企业的关键绩效指标（KPI）。但是，在责任型企业当中，大多数员工都相信自己总有一天也会成为管理层精英中的一员，所以动员员工反而是最重要的。

然而，实际上只有一小部分员工能够成功成为企业的合伙人或者拥有高管专享的酬劳和福利。由于公司的整体业绩还是依赖员工的业绩，企业还是得设法让员工对这半真半假的承诺深信不疑。扩大高管人才库就意味着企业要在能力开发方面大量投资，尤其是在新员工的能力开发方面。组织这么做实际上是鼓励员工尽快为企业做出贡献，同时也在寻找真正有潜力的人才。

在这一结构中，直线传播是至关重要的，而平行媒体所能发挥的作用则十分有限。企业总部的高管无意干涉合伙人或业务单元主管的工作，尊重当地的自主权。传播也主要是自下而上的，且重点是反馈工作结果，这样一来，如果员工的业绩理想，就可以得到应有的奖励。企业文化和氛围比较温馨舒适，企业对升职机会也公开坦诚，至少对幸运儿们十分坦诚。

意义共享型

这种企业的理念可以描述为："如果高级管理层展现出振奋人心的远见卓识，那么员工的业绩就会得到提升。"只有员工对领导有强烈认同感、对首席执行官所推崇的主要逻辑有强烈认同感，这样的企业文化才能形成。而就强调区分内部人与外部人特征上来说，主导意义共享型组织的文化与责任型组织文化相比有过之而无不及。

告知员工以及动员员工的工作主要由一线管理层完成，由大量的平行媒体协助。对话十分重要，并且必须重复进行，对新员工来说尤其。促进和维护共同的意义无疑需要最大强度、最高成本的员工传播，其中包括人力资源部门对能力开发的支持协助。

意义共享需要各个部门交流信息，方式不仅包括传统的纵向交流，还要包括横向交流和侧向交流。交流内容大多是以"我们"为主题的信息，或是组织及其使命的本质和目的。因此，这种组织的氛围必须是开放的，要让员工觉得他们可以参与战略的设计和实施。最终应该是要让员工感受到自己在这里比在其他类型的组织中更受重视。

这种模式的性质本身就会给传播部门的专家带来很大的压力，这些专家必须完全了解企业需求的大小。与幕后掌权者的角色类似，传播专家在这方面为首席执行官等人提供了极为重要的支持，帮助后者树立并突出其领导魅力的同时也让高管们成为企业信念体系的标志。

意识形态型

这种管理观念可以简单总结如下："强有力的意识形态足以促使员工正确行事"。的确，意识形态型组织的目标是毫无争议的。加入这样一个组织就意味着员工是经过自我筛选的，并且早已开始关心和追寻企业的目标。虽然这种组织不容许偏离集体信念，但大多数有可能偏离组织信念的人都很清楚，如果感到自己是个多余的人，那还是不要在这里工作为妙。

在这样的组织中，同级影响力很大，除了处理比较分散的当地事务，几乎不需要管理层多加顾虑。告知员工和动员员工这两项工作是混在一起的，也就是说，大多数的传播内容只不过是重申企业的成功，让员工更加坚定原有的信念。能力开发关注的是认知方面，也就是说，员工需要了解哪些内容来改善自己的工作。员工传播的结构以平行媒体以及在业务单元或国家层面上的员工与管理层的高强度对话为主。信息主要是横向交流和自下而上的纵向交流，内容以需要提前组织的行动为主。企业的氛围能够大大激励员工，让员工觉得自己就像是企业信徒中的精英阶层，能够为创建一个更好的世界出一份力。

模式的不同需要企业采取不同的内部传播方式。也就是说，"万能钥匙"的观点并不适用于旨在建立和维护内部协同的传播工作中。四种整体组织身份特征的范例当中，对内部传播的不同需求都应该得到重视。传递流、结构、内容和氛围这四个员工传播维度都应该在四个范例中得到不同的应用。除此之外，这些元素还要与告知员工、动员员工和能力开发这三大促进变革的管理工作挂钩。具体内部传播工作的不同需求见表4-3。

表4－3　　　　　不同整体组织身份特征在内部传播方面的不同需求

范例	传递流	结构	内容	氛围
	—自下而上 —自上而下 —侧向	—直线 —平行 —小道消息（葡萄藤式传播）	—我 —我们	—参与 —开放 —严肃程度
责任型	·主要是自下而上 ·报告结果	·直线传播至关重要	·着重于"我"，即个人	·以目标为导向 ·温馨舒适的氛围 ·参与度和开放程度中等，较为严肃
官僚型	·自上而下和侧向员工传播	·直线传播至关重要 ·组织结构越大就越需要平行媒体	·着重于"我们"，即团队 ·只有在管控员工时强调"我"，即个人	·有条理严格计划/政策 ·参与度、开放度和严肃程度较低或中等
意义共享型	·各个方向的信息传播，但是信息的传播必须促使员工接受企业核心价值观	·强有力的平行媒体 ·说服力 ·直线员工传播	·着重强调"我们" ·"我"只与奖励体系有关	·愿景：同一个公司，同一个愿景 ·参与度、开放度和严肃程度较高
意识形态型	·主要是自下而上和侧向	·强有力的平行媒体 ·小道消息 ·员工传播/强劲的直线员工传播	·对"我们"和"我"的详细阐释并不重要；只有理想的才是最重要的	·创新、亲密、合作 ·参与和严肃程度极高

　　通过一个矩阵来看这些因素一开始可能会有些复杂，但是，要逐渐习惯这种组合方式，并了解各个元素的相互作用是如何与组织的身份特征相互协同的，其实并不需要太长时间。高管和内部传播专家可以通过这个网络实现以下几点：清楚地了解组织的需求和挑战；领悟对信息传递的要求；在研究产品推介计划的同时，掌握推出新战略时刺激企业协同最需要做的管理工作。

建立和维护内部协同的四种情景

促进内部协同的基石以及企业传播的作用已经很清楚了，现在还需要说明的是如何将信息应用于实际情况。如果经理们决定使用本书中建议的方法，那么为了能够让你们大体了解这些方法的效果，我选取了现实中企业常见的四种情景。在每种情景中，企业都以转变自身现有的整体身份特征开始，同时需要转变向往性的身份、感知到的身份、展示出的身份以及对员工行为的要求。

所有的这些情景都需要企业利用表4-3中列出的特定路线图。每一种情景都对内部传播部门的经理有特定的要求，要求他们协助公司实现身份特征的转变。各位需要注意的是，笔者利用这些情景举例说明的是公司在大幅度改变其战略方向时的经历。在这样的关键时刻才能最好地展现传播专家的附加价值。表4-4总结了在实施新战略重点时组织转变身份特征的四种情景。

表4-4　　　转变整体组织身份特征的四种情景以及转变后身份特征和协同力方面的结果

向往性的身份	展示出的身份	感知到的身份	协同行为
身份特征转变			
从责任型转为意义共享型			
·共同的愿景 ·整合的结构 ·根据对团队的贡献来确定奖励	·领导层的领导魅力是激励员工的源泉	·担心失去自治权和个人奖励以及害怕企业失去企业家精神	·变革意识普遍很高，态度较为积极，但是对变革了解程度很低，协同度很低，需要大量投资
从官僚型转为责任型			
·想走市场化道路的公共部门（public sector）多会做这种转型 ·开始实施新的奖励体系（津贴、差别薪酬），注重可以量化的业绩	·组织的语言交流中开始出现许多从私营部门学来的术语（如将"平民"改为"客户"，将"为社会增加价值"改为"投资回报"，等等）	·许多员工都感受到了新的（理想的）组织与先前差别很大，并常常对新愿景以及新愿景的实施感到怀疑	·对变革的意识程度较高，但对变革的理解程度普遍很低，协同度也普遍很低，与高级管理层或政治领导人的意愿不一致

续表

向往性的身份	展示出的身份	感知到的身份	协同行为
从官僚型转为责任型			
·有大量规则和指令的组织往往很清楚，员工在面对 BHAG①，即"胆大包天的目标"时会更加受到激励。举一个比较不错的例子，一些保险公司十分重视客户是否百分百满意，所以公司会公开自己出售的产品和服务以及处理索赔的方式	·这种类型的组织将传递的信息集中于具有启发意义的想法上，这些想法能够激起员工的激情，并使员工与组织的关系更加紧密 ·举几个比较有意思的例子，英国合作银行（Cooperative Bank）和荷兰合作银行（Rabobank）都明确表明自己关注的不是利润，而是为其成员（并非客户）服务	·在这种情景中，主要矛盾还是企业日常工作与企业信息中呈现的理想工作模式之间的矛盾 ·虽然企业所传递的信息很有吸引力，但是员工会格外怀疑企业在日常职场中对员工要求的真正含义	·对变革的意识程度较高，态度也较为积极 ·需要一段时间才能真正了解和支持企业改革
从意义共享型转为意识形态型			
·这个转折较为危险，往往需要一位有远见的领导人扮演或被迫扮演意识形态上的领袖	·以越来越积极的方式展现的领导地位，要体现出一位领导人和/或者一个领导团队是公司最好的财富	·只要企业能在大局上以及在员工个人层面不断取得成功，那么员工往往对领导层态度热情 ·一旦公司失败，员工就会感觉自己像是"皇帝的新衣"中陪着皇帝演戏的人	·在企业取得成功的过程中，大多数员工知道、了解和全力支持企业战略。一旦公司失败，员工对企业的支持就会一落千丈

情景一：从责任型到意义共享型

若是新战略对工作要求极高，那么这个战略就需要大幅改变大批员工的日常工作，或者一小部分关键成员（如律师事务所中能够拉到新客户的合伙人）的日常工作。如果企业的战略意图是想从责任型转型为意义共享型，那么这一点尤其适用。全球咨询公司以及律师事务所的发展趋势清

---

① 　BHAG，即 Big Hairy Audacious Goal 的首字母拼合，意译为"胆大包天的目标"。——译者注

楚地印证了这一点。不久之前，大多数咨询公司及律师事务所还是注重奖励个人（合伙人）业绩。但自世纪之交伊始，这些公司的奖励体系似乎开始从注重个人向注重团队转变。要成功实现这一愿景就需要使用结合了谈判型和对峙两种技巧的路线图，让内部团队了解到公司领导层的意图。

图 4 - 5　荷兰德勤（Deloitte）新一体化战略（Strategy as One）介绍

　　此时内部信息传递需要与"一个公司"这个愿景保持一致，并且在信息传递过程中不间断且不变地强调这个愿景，最好还要拿出令人信服的证据，证明此次转变的附加价值。在初级阶段，从企业身份特性给人的印象可以看出，展示出的身份与向往性的身份之间可能会有巨大差距。长期的合伙人可能会坚守于原来实行责任制时的主要逻辑，并坚信在过去行之有效的方法在未来也会继续发挥作用。领导层要有勇气、肯付出时间，而且最重要的是，要拿出证据来劝说不愿放弃先前模式的员工开始接受新的企业愿景。

协同度调查显示，根据这一趋势，员工对公司新战略的支持很有可能偏低，即便如此转型为意义共享型组织在过去十年一直十分受欢迎。为成功实施这一变革所进行的投资往往不会在变革刚开始就得到实在的回报（需要在这里提一句的是，投资并不只是资金上的投入，而且还包括心理上的转变，比如说，要让律师事务所合伙人接受一个将集体奖励置于个人奖励之上的新奖励体系）。如要成功变革，那么上述情景对企业传播的期待值可能会是最高的。

情景二：从官僚型转型为责任型

许多西方国家的公共部门已经发现，西方政客越来越相信利用市场机制能够提高原国有机构的效率，比如电信公司、公用事业公司、铁路以及其他曾隶属公共部门的组织。因此，许多由政客和高级公务员发起的新战略变得越来越以客户为中心。除此之外，公共部门还实行了与私营部门的内部奖励体系类似的奖励体系，公开地将业绩好的员工与受官僚制保护的落后员工区分开来。在这种类型的转型中，企业大多会强调可量化的关键绩效指标（KPI），而对是否支持社会发展等涉及质的评价标准不再如以前一样重视。

这就使得企业的信息传递类似于私营部门的内部传播。对老员工来说，这种改变可能会让他们失去方向感。有些员工多年遵循德国哲学家马克斯·韦伯（Max Weber）的纯官僚制理念，所以要让他们接受新的主导逻辑困难重重。一些员工会对这种改变十分抗拒，并会明确或含蓄地表达了自己的这种情绪。因此，要促使组织转向以客户为中心，并将一个官僚型组织转变为责任型组织，对高级管理层来说是一项十分艰难的挑战。

要促使员工支持组织转型，重要的是找到大多数关键员工认为的实际、有意义且具有启发性的某些特定身份特性。要找到这些特性，首先要分析感知到的身份，并将其与高级管理层的向往性的身份特性进行对比。要提高协同力，就需要同时利用谈判型和对峙型这两种技巧，这时，如果管理层还能平衡好感知到的身份与向往性的身份之间的差距，那么协同力就会得到切实提升。如果内部传递的信息能够体现出对员工过去为组织所做贡献的尊重，并让员工对企业光明的未来心存希望，那么员工就会深受激励。根据责任型组织的逻辑，内部的信息传递也要通过经理与员工面对面交流等一系列传播方式来解释并体现关键绩效指标的重要性。

通过会谈来评测各个员工工作质量和数量的任务主要是由直线经理来承担，因此他们的作用不可小觑。向责任型转变的过程中，需要对持反对意见的员工采取对峙策略。在从官僚型转为责任型的过程中，包括取消加薪、剥夺咨询权，甚至降职或停职威胁在内的薪酬待遇问题以及评估会谈将成为内部传播的重要手段。

情景三：从官僚型转型为意义共享型

官僚型组织形式并不仅限于公共部门，许多规则僵化和发展方向僵化的组织也属于官僚型。往往以官僚型身份特征为主导的组织包括有安全问题的企业，如化工产业；标准化行政程序是决胜关键的组织，如银行。由官僚型组织转型为意义共享型组织需要寻找其他具有启发性的身份特性，与此同时，高级管理层还要给出具体的指示来指导员工在日常工作中实施组织新的目标。

如果关键团队所看到的向往性的身份与感知到的身份一致，那么企业员工就会越来越支持新战略。许多员工很容易得到激励，但是却缺乏在日常工作中实施新愿景的自信，原因可能是他们不敢去做，或者不知道如何以新的工作方式开始工作。许多协同力相关研究显示，如果员工不能很好地理解新战略，那么员工对新战略的支持度就会很低。

如果能将证言证词加入到谈判型和对峙过程当中，就会达到最好的效果。这些证言证词会让心存疑虑的员工看到其他人是如何成功地把新战略融入自己的日常工作当中的。从官僚型向意义共享型组织转型是有风险的，这两者典型的关键身份特性恰恰相反。可能性虽然存在，但实施的路线图会很长，同时执行过程也需要像婴儿学步一样，从而使员工能够循序渐进地熟悉新战略的要求。成功运用回应手段会加速组织的转型。

拓展案例 4-4 西班牙雷普索尔公司（Repsol）向责任型转型

西班牙雷普索尔公司正努力对整个组织进行调整，形成一个能提升效率，并激发新创意的工作文化和氛围。

我们在满足企业需求的同时，也分享一些雷普索尔特有的价值观，这些价值观能够定义雷普索尔自身的风格，即我们独特的工作方式。以此为目标，我们正在实践若干计划，这些计划主要涉及高管领导力、多样性、平等的机会、工作和生活之间的平衡、吸引人才、培训、流动性、业绩评估、创新过程和改进过程，等等。

在所有这些项目当中，企业视员工为建立公司声誉过程中的主要利益相关方，员工的观点十分重要，为此，雷普索尔甚至每两年就会对其全球约22000名员工进行调查，了解组织的氛围。2011年7月的调查当中，80%的员工称自己对能成为雷普索尔的一员感到十分自豪，这一数字与上次调查相比上涨了7%，再次证明了发展组织内部文化协同的重要意义。

雷普索尔计划在2012年上半年于马德里开设新的公司总部，新总部员工将达5000人，公司计划在此发展新的人际关系，此举毫无疑问会强化雷普索尔企业文化中的价值观。总部大楼由四座相互联通的建筑组成，每个建筑都能俯瞰一个大型中央花园，这一建筑在其可持续性方面也得到了认证。企业强调要为员工的互动以及专业和私人设施创造空间。

情景四：从意义共享型到意识形态型

大多数高级管理层都对意义共享型组织十分热衷，因为大多数意义共享型组织拥有完美的协同力。员工对领导的愿景热情高涨，首席执行官在员工眼中也成为新愿景富有魅力的主要推动者和保护人。然而，一旦领导开始认为自己是不可替代的，而下属一律保持沉默，那么情况就变得十分危险了。一个运行良好的意义共享型组织就被迫逐渐转型为意识形态型组织。

举例来说，这种情况可能发生在规模较小的咨询公司中。在这种公司里，即便报喜不报忧，创始人和引进新客户的高级合伙人依然被尊为公司成功的推动者。由一名家庭成员长期把持的家族企业也有可能发生这种情况。这时，组织的领导会变得越来越妄自尊大。这样一来，由意义共享型向意识形态型的转型往往是暗度陈仓，很少会摆到台面上。然而，个人崇拜及其理念崇拜的危险性是显而易见的，并会严重威胁组织的延续性。

意识形态型在绿色和平（Greenpeace）组织运行良好，但是却并不适合大部分企业。

那么，员工就应该抗拒组织这种渐进的转型吗？常常扮演弄臣角色的传播部门主管这时就需要让公司当权者冷静客观地思考公司的情况，至少是反思自己的行为。如果组织能够根据本章建议的步骤收集情报的话，那么员工就有可能意识到组织的转型及其带来的危险。

但是同其他公司一样，如果管理层注重意识形态，他们就会将新的战略目标打造成出色的企业计划呈现给员工，如扩大产品组合，或者为现有市场提供更为复杂高端的产品和服务。然而，如果员工能坦诚地反映自身处境，那么在调查时，就会发现新战略目标与公司身份特性和员工行为适配度很可能会很低。希望这一结果能够让高级管理层反思，重新评估组织的内部方向。

注释：

1. D. 戴尔、Y. 赛普琳娜、R. 克雷默：《打造战略商业协同》，世界大型企业联合会，2003 年。

2. C. B. M. 范瑞尔、G. A. J. M. 贝伦斯、M. 迪杰斯特拉：《促进员工战略协同》，《管理研究期刊》2009 年第 7 期。

3. A. 施密茨、A. Th. H. 普林、C. B. M. 范瑞尔：《员工传播的影响以及组织认同的理解外部声望》，《管理学会期刊》2001 年第 5 期。

4. 同上。

5. E. W. 莫里森、F. J. 米丽肯：《组织沉默：多元世界变革与发展的障碍》，《管理学会评论》2000 年第 25 期。

6. F. J. 米丽肯、E. W. 莫里森、P. F. 修林：《员工沉默的探索性研究：员工不与上级传播的问题及原因》，《管理研究期刊》2003 年第 40 期。

7. A. 班杜拉：《自我效能：控制的实施》，纽约：弗里曼，1997 年，第 604 页。

8. J. D. 约翰逊、W. A. 多诺霍、C. K. 阿特金、S. 约翰逊：《正式与非正式传播渠道的区别》，《商业传播期刊》1994 年第 31 期。

9. J. 达顿、J. W. 彭纳：《组织身份特征对战略议程建设的重要意义》，J. 亨德利、G. 约翰逊编：《战略思维：领导力与变革管理》，威利出版社 1993 年版。

10. J. J. 特罗姆贝塔、D. P. 罗杰斯：《传播氛围、工作满意度和组织承诺》，《管理传播季刊》1988 年第 1 期。

11. S. 齐莫尔曼、S. B. 达文波特、J. W. 哈斯：《工作场所中的共同误区：以为越多越好》，《商业传播期刊》1996 年第 2 期。

12. P. G. 克兰姆皮特、C. W. 唐恩斯：《员工如何看待传播与生产力的关系：实地研究》，《商业传播期刊》1993 年第 1 期。

13. F. 瓦罗纳：《三家危地马拉组织中传播满意度与组织承诺间的关系》，《商业传播期刊》1996 年第 2 期。

14. 克兰姆皮特、唐恩斯：《员工如何看待传播与生产力的关系：实地研究》，第 5—28 页。

15. W. C. 雷丁：《组织内部传播：对理论和调研的解释性评论》，产业传播委员会 1972 年版。

16. D. P. 麦克考利、K. W. 库奈尔特：《员工对管理层的信任：理论评论和实证调查》，《公共管理季刊》1992 年第 2 期。

17. R. D. 罗森伯格、E. 罗森斯坦：《参与度与生产力：实证研究》，《工业和劳资关系评论》1980 年第 3 期。

18. J. 柯林斯、J. 波拉斯：《基业长青：企业永续经营的准则》，哈珀出版公司 1994 年版。

19. M. 韦伯：《经济与社会：阐释社会学的概要》，1922/1968 年第 1—3 期，G. 罗斯、C. 维迪奇编，贝德敏斯特出版社。

第二部分
构建外部协同

5 收集情报，建立外部协同

组织，尤其是大型企业，往往会受到自身运作环境的影响以及不可控力的限制。大公司业务遍及社会各个部门，当遭遇政府管控和调查、倡议团体、决心恶意收购的对手、愤怒的消费者或者媒体的负面报道时，格外容易受到影响。公司是否能够控制好这些外部压力可能带来的后果，取决于该公司是否理解其赖以生存的外部主要利益相关方的看法。

组织可通过三个重点来辨别外部情报信息的重要性。

第一，组织应时刻把握关乎公司当下、未来的重要问题的观点动向。一些问题可能从公共辩论的焦点最终演变成公共舆论（public opinion）。此时，大众对这些问题有所了解并发表自己的观点，同时敦促政府采取措施，减少可能的负面影响。但是，并不是所有问题都能在大众和媒体的关注中解决，一部分问题需要交给专业的非政府组织或者游说团体，虽然这些组织的规模有限，但这并不意味着他们的影响也有限。

第二，组织还应该注重收集广泛显性（visible）受众的信息，了解他们的大体看法和观点，但不是囿于某一具体问题。这类方法可以是公共舆论或者声誉（reputation）调研。

第三，就某一具体战略目标收集促进协同力所需的专项信息。情报收集可以采取以下手段：竞争对手分析、消费者行为调查以及传统媒体或新媒体宣传力调查。

表 5-1　　　　　　　　　　**外部情报信息的重点**

外部情报信息	重点
问题扫描	·早期预警系统
利益相关方的看法	·公共舆论 ·声誉
附加专项情报信息	·竞争者分析 ·量身定做的市场调研

问题扫描

　　如果某个问题可能引发关键利益相关方破坏性的具体行动，那么该问题就需要得到企业的重视了。最近，维基泄密丑闻以及大众对金融高管高额津贴的愤怒情绪引发了一系列可能危及政府和银行业的行动。早期预警系统（early - warning system）使组织意识到问题的存在，从而协助组织未雨绸缪，在危机到来前给出合适的回应，还有可能避免危机。对不经常进行问题扫描的组织来说，问题扫描只是危机管理应对措施的一个步骤，但是一年一度或者定期长久的调研项目则能够让成员了解正在进行的战略决策。

　　关于问题的信息必须从两个方面进行衡量：其对公司的潜在影响（potential impact）及发生的可能性（likeliness）。综合考察潜在影响及发生的可能性可以清楚地了解该问题对公司的重要程度。佩洛特（Perrott）则提出了另一种衡量方法——对组织和社会都有影响的问题是重要问题。相反，只影响组织的运作和内部的问题重要性就相对较低。

　　组织的问题似乎是围绕一个可预测的生命周期发展的，这一点在巴克霍尔兹（Buchholz）的学术文献中有所阐释。巴克霍尔兹提出的模式将一个问题的生命周期分为四个阶段：

　　·进入议程（entering the agenda）。这一阶段反映出公众对某一行业及业内公司看法的改变，从而为通过管理规定来解决问题制造一定压力。

　　·媒体和主要利益团体会掀起政治辩论（political dispute），正式的公共政策制定过程由此开始。

　　·立法（legislation）会在实质上将该问题制度化，形成一系列正式的规定。

　　·如果公司、政府和利益团体在执行标准和实行时间表方面的谈判型破裂，各方就会进行诉讼（litigation）。

　　但是问题扫描不应该局限于这些政治方面的发展阶段，还应注意利益团体内部意见形成的影响。在对某问题的发展过程研究分析了一段时间之后，研究者可能会问：组织和外部利益团体对双方的期望有什么差距？这种差距到何种程度会引发争论？另外，这种争论对组织会有什么影响？公司越早发现可能的威胁，就能越早做出充分的回应，甚至还有可能阻止上述威胁继续恶化。

图 5-1 问题扫描

公司回应的性质取决于造成差距的原因。举例来说，解决由事实引发争论的问题需要公司根据事实做出回应，通过可靠的调研来展示有事实支撑的、有质量的证据。壳牌公司就是如此应对影响恶劣的布伦特·史帕尔（Brent Spar）钻油平台危机的。在决定将该浮式采油平台沉入海底之后，壳牌公开了公司的内部研究，为自己的这一决定做辩护。但是实事求是的回应也不总是奏效，一旦公众的情绪被鼓动起来了，他们对事实很有可能视而不见。

如果双方期望值的差距更多的是因为规范化的问题，如双方对规范操作的定义有分歧，那么就需要公司采取另一种回应方式。再拿布伦特·史帕尔事件举例，绿色和平组织（Greenpeace）中的批评声音认为壳牌污染海洋的做法实在是让人不能接受。当时，公众还想象不到将平台拖至海岸后再行处理到底会对环境造成什么影响，事实上与将平台沉入海底相比，这一方式最终造成的影响会更加恶劣。随着矛盾的激化，这场辩论的天平也逐渐倒向了绿色和平组织，该组织拿出了一个让人非常信服的说法，即沉入海底的做法会毁坏大西洋，并夺去鱼群、海龟以及海洋哺乳动物的生命。

最后，期望值的差距也有可能完全是因理想目标不同造成的。还是以布伦特·史帕尔事件为例，该事件最终依然演变成了两方的口舌之战。一方是积极争取更好环境的绿色和平理想主义者，另一方则是将采油视为经济发展关键要素的壳牌工程师以及各类商业人士。以上三种差距中后两种很难，甚至是不可能得到解决的。

总的来说，在进行问题扫描之后，公司可以根据其对三个实际问题的回答得到相应的情报信息，详见图 5 - 2。

拓展案例 5 - 1　布伦特·史帕尔案

与汽车和轮船一样，近海采油平台也是有使用期限的，到了使用期限就需要移除。部分平台被托运上岸后切割成碎片，而另一部分，尤其是墨西哥湾平台的处理方法则是切断平台的张力腿或者锚链后沉入海底，这种做法是受政府允许甚至鼓励的，因为老旧的平台设备是极佳的人工海礁，能够为大量海洋生物提供良好的生存环境。然而，并不是所有采油平台的命运都相同。

壳牌公司旗下有一名为布伦特·史帕尔的浮式采油平台，该平台位于北海的苏格兰近海地区，用于储油和船只装油。该平台于20世纪90年代退役，被连接岸上终端的输油管道取代。之后，壳牌为找到该平台最好的处理方法而开始进行大量的研究。多家打捞公司、工程公司和工程学院所就这个项目提交了超过 30 份报告，最终的结论很清晰：在清除了尽可能多的废弃物和松散物质之后，将布伦特·史帕尔采油平台沉入大西洋底是最安全、最廉价且对环境破坏最小的处理方法。包括苏格兰海事科学协会（Scottish Association of Marine Science）在内的多家苏格兰机构都同意将该平台沉入谢德兰群岛西部的北芬尼洋脊区域。在与英国有关政府机构以及北海和东大西洋沿岸国家的政府讨论过后，没有人再提出异议。

而全球著名环境倡议团体——绿色和平组织的领导人却不同意这一做法。在得知沉没布伦特·史帕尔平台这一计划约两个月之后，4 位绿色和平组织成员于 1995 年春登上并占据了平台。在接下来的 3 个星期里，约 25 名活动家、摄影师以及记者相聚在平台上。与此同时，绿色和平组织也掀起了一场强势的媒体运动，鼓吹将平台沉入海底的环境危险。根据绿色和平组织的说法，布伦特·史帕尔平台内有超过5500 吨石油沉淀物、成吨的低放射性沉积物以及有毒且不可降解的化学物质和重金属的混合物。绿色和平组织认为，将布伦特·史帕尔平台沉入海底会为北海的 416 个固定石油平台开一个先例，而且英国政府允许将该平台沉入海底，依据的是壳牌公司所提供的有限的、有失偏颇的信息。

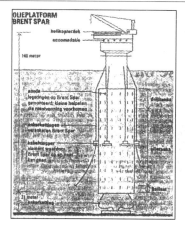

　　这场争论不断升级，最终导致了北欧的抵制壳牌加油站运动、壳牌加油站纵火案，并严重损害了壳牌在全球的声誉。壳牌提供了一系列的事实，证明布伦特·史帕尔所含的沉积物不超过50吨。但是在这场完全失去控制的冲突当中，这些数字太苍白了。这主要有两个原因。

　　第一，这场不断升级的辩论背后的政治背景使得意见领袖之间根本没有机会进行理性的对话。德国和丹麦的左翼政客手到擒来地利用了布伦特·史帕尔事件，将其视作一个契机，向大众揭露企业暗地里对环境的破坏。与此同时，全欧洲的其他政客则公开支持消费者的抵制运动。

　　第二，绿色和平组织在表达自己的观点时利用了十分具有表现力的宣传工具，其中就包括一幅画，画上有一只死去的海龟，旁边的标语是"Save our seas."（拯救我们的海洋）作为回应，壳牌公司推出了一则宣传广告，清晰地表达了一位公司内部人士的观点，字里行间充满了只有工程师才能听懂的行业术语。公众对壳牌施加了更强大的压力，公司已经完全不可能将布伦特·史帕尔沉入海底。最终壳牌将平台拖至挪威的一个海港，并在那里进行了部分分拆和回收。

　　在做出这个决定之后，壳牌邀请了一个顶尖的验证机构对布伦特·史帕尔进行独立调查，调查结果显示该平台所含的有毒物质远远低于绿色和平组织所提供的数字。该组织也接受了这一研究结果，并向壳牌道歉，甚至还因其做作的姿态、手段以及对事实的歪曲而受到批评。但是，就布伦特·史帕尔事件以及公共舆论来说，绿色和平理想主义者的观点明显胜过了壳牌注重实际的回应。

- 公司与其反对者在某个问题上期待值的不同
- 低—中—高
- 公司与其反对者在评估某一问题对社会的影响时有分歧
- 低—中—高
- 公司与其反对者在评估某一问题对公司的影响时有分歧
- 低—中—高

图 5 - 2 战略目标与公司问题的适配

监测关键外部利益相关方的看法

与特定外部利益相关方建立协同需要了解他们对组织的基本看法。要做到这一点，组织可监测这些重要利益相关方对组织的认知，而他们的认知就是公司的声誉。然而，根据调研，我们知道对某个组织的评估往往还会受到其他方面的影响，如产品评价、行业声誉以及公共舆论等。

与声誉相反，公共舆论的调研并不是只针对某个特定的组织，这种调研针对的是主导舆论辩论的个人和组织，如媒体和倡导团体的领导人。如果要更好地应对外部利益相关方，那么探索舆论和声誉背后的理论和方法论是很有必要的。

公共舆论

对声誉的调研植根于对舆论文献的研究。关于这一主题的出版物早在 18 世纪就出现了，那时人口学分析常用于预测未来。约翰·格朗特的《关于死亡率的自然观察和政治观察》一书显示，借助人口普查收集到的关于死亡率、婚姻、出生率以及公民身份等数据，就可以理解什么是"社会物理学"（physics of society），并且还可以对未来的行为模式做出相当精确的预测。

在 19 世纪中期，随着代表性抽样（representative - survey）调查方法的出现，公共舆论调研迅速发展。越来越多的舆论出现在关于政府的辩论当中，被用于探讨政府应做或不应做的事。公共舆论的第二次大发展是在 20 世纪 30 年代，当时《舆论季刊》（*Public Opinion Quarterly*）的创建鼓舞了学术界，使其为公共舆论调研的进一步发展做出了贡献。在该期刊首篇文章中，奥尔波特（Allport）将公共舆论定义为"政府外的个人对有关国家利益的话题自由表达自己的见解，以期影响某一特定社会中由主导力量做出的决策"。

图 5 - 3　《舆论季刊》

　　根据奥尔波特的说法，人们表达自己的观点是出于他人能肯定自己观点的期望。比如，"你之所以开始打扫你家门前的积雪，是因为你希望其他人也能这么做"。人们公开表达自己观点的另一个原因则是害怕由于不能融入社会主要思潮，而受到被社会孤立的惩罚。除了这些个人需求，公共舆论还会受到大环境的影响，或者更确切地说，会在形成观点时受到某一社会组织的影响，比如家庭、学校、教会、职场以及媒体等。

　　最初，在论述大众媒体对公共舆论的影响这一方面，大多数作者将媒体的影响总结为"能轻易影响大众的巨型皮下注射器"。然而，这些作者所认为的报纸、杂志、广播以及电视的影响力其实都被夸大了，后来的研究也证实了这一点。如今主流的看法是，媒体只有在肯定现有舆论趋势的时候才会发挥作用，而且也不能大幅度地改变舆论趋势。按照布劳威尔（Brouwer）的说法，公共舆论的建立与菌丝体的形成一样，大家只能看到蘑菇生长起来，而看不到埋在地下的根系，这就像大家只能看到媒体报道一样。在声誉界，我们将在"根系"中进行的信息传递称为"非正式传播"，但是这种传播却是"菌丝体"存活下来的关键所在。

　　布劳威尔强调，大众媒体是公共舆论形成中最显眼、最引人注目的部分。但是在舆论形成过程中，真正的推手却是非正式传播以及大众成员间的协商手段，这些传播和协商手段最终会形成一个主导的观点。麦康姆斯（McCombs）与卡罗尔（Caroll）的调研显示，媒体如愿意在某个问题上投入时间和空间精力，那么媒体的影响力就会增加，这就是所谓的"议题设定"（agenda setting）功能。也就是说，媒体为某件事投入的精力越多，就越有可能受到媒体读者或观众的重视。

　　在社交媒体对公共舆论的影响这方面，最近的研究则显示社交媒体的影响力比我们原来想象的要高。社交媒体有一个关键的特点，即企图制造事件的利益团体才是问题的幕后推手。过去，压力集团①被迫依赖于传统媒体的关注，但现在他们会进行直接传播，而且如果信息能够传至电视或报刊等仍然有一定影响力的传统媒体，或者得到这些媒体的响应，那么他们的参与也会有更大的影响力。传统媒体能够客观地证实新媒体报道的事件。

　　在诺埃勒·诺依曼（Noelle - Neumann）的"沉默的螺旋"（spiral of silence）理论中可以看到舆论产生和发展的基本原理。该理论的基本点可总结如下：

　　·个体都十分渴求能够被自己想加入的组织接受，他们害怕因为自己表达的某个观点与（人们眼中的）主流观点不一致而受到孤立，因此，大多数人都是意见的追随者，而不是意见领袖。

　　·认为自己的观点符合社会主流逻辑的人都会响亮且清晰地表达其观

---

　　①　压力集团（pressure group），向政府和公众施加影响的团体。——译者注

点，但认为自己的观点属于小众观点的人则往往选择保持沉默。

·选择成为沉默的大多数，往往是由个人的性格以及集体的压力所驱使，前者是指害怕受到孤立，而后者则是因为媒体不断重复一种信息，同伴团体也一直在强调同样的主流观点，而对小众观点闭口不谈。

·个人和集体的特性共同导致了"从众效应"（bandwagon effect）以及沉默的螺旋，这样一来，关于小众话题的公众讨论就更少了，而随着主流观点得到越来越多的关注，其支持者也会越来越多。

·但是舆论的主流观点并不能永远地站稳脚跟。如果有段时间某一反对团体被排挤出公众讨论，那么在这段时间内，该组织会专注于磨砺自己的武器，使其观点更为锐利。由于劣势者效应（underdog effect），组织将不再受到公众的压制，并最终受到更大程度的欢迎。如果该组织能做到坚持不懈，那么其观点还有可能成为新的主流舆论观点。在这之后，上述所提到的观点形成和控制的过程会再次重演。

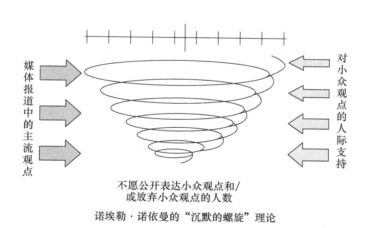

诺埃勒·诺依曼的"沉默的螺旋"理论

图 5－4　沉默的螺旋

公共舆论调研有着悠久的历史传统，深深植根于哲学基础以及方法论，并且可以用耐人寻味的理论来加以解释。上述所说的几点几乎都可以用来解释声誉的产生及发展。而声誉调研与舆论研究的一个关键的不同之处在于舆论研究强调的是问题对包括立法以及后来的诉讼在内的政治决策程序的影响。关于舆论的讨论最终几乎都要着重看政府的决定。但是，关于声誉的讨论就完全相反了，讨论的结果是不同的利益相关方要求给予或限制某一组织相应的运营资格。公共舆论的实际结果还有着两重性：

1. 有时，社会的关键团体会认为公司内的某个问题意义重大，并鼓动政府机构采取行动，通过立法手段来解决问题。这时组织应该仔细核查这些可能对自身有影响的问题。

2. 意识到问题是一回事，而采取正确的行动则是另一回事，而且更加重要。企业在了解和接受公共舆论时要尽可能地避免成为公众表达愤怒的靶子。假设我们将西方社会对肥胖症的负面情绪看作公共舆论的主流问题，压力团体会故意选择麦当劳，将这家公司具象化为整个问题的标靶。从压力团体的角度来说，这个选择很明智，但对麦当劳来说，情况就完全相反。现在美国政府要求餐厅公布自己食物的卡路里含量，虽然这种要求不会阻止大家继续吃两个巨无霸和一包大份薯条，但是这让所有提供高卡路里食物的公司都显得不太光彩，从而将指责的范围扩大到了整个行业。

· 这一问题升级为一个舆论话题的可能性有多高？

· 低—中—高

· 在该舆论话题中，公司成为众矢之的的风险有多高？

· 低—中—高

· 在公司受到攻击的时候政府支持公司的可能性有多高？

· 低—中—高

图 5 – 5　战略目标与舆论之间的适配

图 5 – 5 总结了在组织有了某一特定目标的背景下，收集舆论的重要信息时要注意的几个关键点。

声　誉

"声誉"（reputation）一词源于拉丁语单词 *re* 和 *putare*，前者的意思是重复，后者的意思是计算，所以从字面意思上来说，"声誉"一词的意思就是重复地计算某一主题、某个人、某个组织或其产品的优劣。这是个理性、同时掺杂了情绪的过程。声誉是指个人在多大程度上赞赏、看好和信任另外的人、组织、行业，甚至是国家。

声誉的基础在于评估某一组织在一段时间内的表现，包括对过去表现的评价以及对未来的期待。对公司来说，这意味着与相似的组织进行对比。但声誉不会是具象的、不变的或者永恒的。组织的声誉是一批有代表性的受众样本在某一特定时间对某一组织看法的集合。

《财富》（Fortune）杂志的"最受赞赏公司"（Most admired companies）、《金融时报》（Financial Times）或者普华永道的欧洲排行榜都是一些比较著名的企业排行榜，这些排行榜都将声誉和态度摆在同等高度。态度是指对某个事物、想法或者人的评估，这种评估既是有认识力的、理性的，也是易受感情影响的、情绪化的，同时还涉及行为倾向，因为这种评估通常还包括对人们最有可能采取的行动进行预测。在这一领域的调研中，大多数调研结果显示声誉是各种品质的集合，度量着组织的业绩和社会责任。

举例来说，《财富》杂志在评估公司的时候，主要考察公司的八大品质——管理质量、产品和服务、财务状况、招贤留才的能力、对企业资产的利用、作为长期投资的价值、创新力以及社区和环境责任。计算每一项的平均分数，相加再将总数除以八得出一个数值，进而得出"最受赞赏"公司排行。针对这一调研的一个重要评论称，《财富》杂志的排行过度看重财务业绩以及媒体报道，因此受访者在作判断时都会下意识地考虑财务方面。法雷尔（Fryxell）和王（Wang）在研究中对此有所体现。但这并不意味着这种按态度来排行的方式，或者说《财富》杂志的排行是完全不可取的。这种排行可以增加价值，并最终产生更为有用的信息，如果其方式结合了评估和对组织未来的预估，那么其附加值就更大了。针对荷兰警察局的声誉研究则很好地解释了"期待值越高，排行越重要"这一现象。大多数荷兰人对警察局的评价较为正面，打分在59—63分。但是，同样的受访者在被问及"对警察局未来中心任务的期许"时（如以专业负责的方式维护公共安全等），受访者给出的分数则能达到80—90分。换句话说，评估与期待值之间的差距比评估本身要耐人寻味得多。

我个人的看法是在评估开始时，利用"格式塔"（Gestalt）作为方法论可以更好地对声誉进行分析。"格式塔"一词是德国心理学界的一个专有名词，指的是信息处理当中的整体性。其基本理论认为，人的思维是以整体的形式运行的。所以说，在声誉这个问题上，人们看到某个公司名称的时候会立刻做出判断，以好、坏或者极差这种简单的评价来定义这个公司。

图 5 - 6 声誉排名

资料来源：经《巴伦周刊》（Barron's）许可后重印，版权© 2011，道琼斯股份有限公司（Dow Jones & Company, Inc.），版权所有。经福布斯传媒有限公司（Forbes Media LLC）许可后重印，© 2011。《财富》（Fortune）杂志，2011 年 3 月 21 日。时代股份有限公司（Time Inc.）。经许可后使用。

根据这种观点，要衡量一个组织的声誉，可以直接请受访者描述一下自己对该组织的整体评价。声誉研究所就利用这种方式开发了一个衡量声誉的新标尺，叫作"脉动指数"（Pulse score）。评分主要依据下列四个维度：好感度（positive feeling）、尊敬程度（high esteem）、信任（trust）和赞赏程度（admiration）。声誉的评分建立在全球调研的基础上，并且针对各国文化上的偏见对数据做了修正。衡量四个维度的主要依据是质量，这主要可分为七个方面：产品和服务、创新、顾客角度、社会责任、企业治理、领导力和业绩。对这七个方面的正面或者负面评价会影响脉动指数。除了声誉驱动力或者说获得声誉的前因，我们还需要辨别声誉带来的结果，包括投资某家公司、为这家公司工作、购买这家公司的产品和服务，或者积极评价这家公司。声誉研究所在开发 RepTrak™ 模式时就利用了这一论证，详见图 5 - 7。如果要做一简单的总结，这一模式评测的是"你爱不爱我"（脉动指数 = 声誉）、"你为什么爱我"（形成声誉驱动力的因

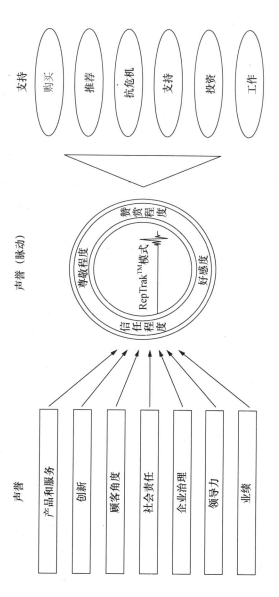

图 5－7 **RepTrak**™模式（声誉研究所）

素），还有"表达出我爱你或者我不爱你之后在行动上会有什么结果"（在行为上支持）。

RepTrak™模式常用于全球调研中，而且直到现在一直都是各大洲公司声誉数据的唯一来源。在过去的十多年中，利用这种模式进行的调研都显示出如下倾向：

·声誉的高低可以用数字来表现，从0—100分不等。由实验得到的数据显示，得分超过80分的公司会被视作声誉领袖，而得分低于45分的公司处境就十分危险了。

·利益相关方不同，声誉也会有很大的差别。利益相关方往往关注对自己来说最重要的方面，然后根据这些方面来对组织做出评估。财务分析师的评估会较为注重对财务业绩的评价，而理想主义的非政府组织（NGO）则会过分强调企业的社会责任。

·行业内任一组织的分数基本在该行业基础范围内。零售业和食品业等行业的公司成绩相对较高，而电信以及铁路等行业的公司分数则会相对较低。

·优良的声誉即使是在危机时刻也会保持稳定。相对薄弱的声誉则更加脆弱，但如果采取正确的措施，还有回转的余地。

声誉研究所每年都会进行全球调研，即所谓的全球Pulse调查，并公布其结果。该调研是向大众征求其对全球40多个国家约2500家大型公司的看法（见www.reputationinstitute.com和www.forbes.com）。表5-2展示的是2011年的调研结果，可见谷歌的成绩是最高的，是当年最受赞赏的公司。

表5-2　　　　　　　　　　2011年声誉研究所列出的全球排名

排名	公司	RepTrak™ 脉动指数	排名	公司	RepTrak™ 脉动指数
1	谷歌（Google）	79.99	16	雀巢（Nestlé）	76.01
2	苹果（Apple）	79.77	17	惠普（Hewlett - Packard）	75.90
3	沃尔特·迪士尼公司 （The Walt Disney Co.）	79.51	18	米其林（Michelin）	75.75
4	宝马公司（BMW）	79.42	19	欧莱雅（L'Oréal）	75.72

续表

排名	公司	RepTrak™脉动指数	排名	公司	RepTrak™脉动指数
5	乐高（LEGO）	79.26	20	家乐氏（Kellogg's）	75.2
6	索尼（Sony）	79.05	21	固特异（Goodyear）	75.09
7	戴姆勒（Daimler）	79.03	22	费列罗（Ferrero）	75.01
8	佳能（Canon）	78.07	23	飞利浦电子（Philips Electronics）	74.84
9	英特尔（Intel）	77.56	24	3M	74.68
10	大众（Volkswagen）	77.33	25	任天堂（Nintendo）	74.66
11	微软（Microsoft）	77.29	26	高露洁（Colgate – Palmolive）	74.62
12	耐克（Nike）	76.92	27	IBM	74.41
13	松下（Panasonic）	76.84	28	可口可乐公司（The Coca – Cola Co.）	74.27
14	强生（Johnson & Johnson）	76.75	29	本田汽车（Honda Motor）	73.99
15	诺基亚（Nokia）	76.17	30	达能（Danone）	73.92

声誉固然重要，但是利益相关方不同，获得声誉的前因也不尽相同

良好的声誉可以降低组织的成本。大量研究表明，良好的声誉使组织更容易吸引和留住新员工，由此降低组织在劳动力市场的成本；良好的声誉还能够减少招商引资的成本，使组织更容易找到潜在的合作伙伴；另外，人们更加信赖口碑好的组织，因此很少会起诉，组织的应诉成本也就更低。声誉还能在某些特定利益相关方面前为公司赢得一定的优势。举例如下：

财务利益相关方

如果组织在这些利益相关方眼中有良好的信誉，那么其在股市危机中受到的损失就会得到相应缓解。更重要的是，良好的企业声誉能够影响证券分析师给出的盈利预测。组织未来的盈利能力与其声誉有一定关系，有关证据表明良好的声誉可使组织获得更好的业绩，从而对其未来的盈利能力有积极的影响。

在建立声誉的过程中，有两种财务利益相关方格外重要，即证券分析师和机构投资者。研究股市的分析师都表现出一定的"从众心理"（herd mentality）。也就是说，他们会被自己工作领域的意见领袖所影响。声誉似乎也能影响到机构和个人投资者所做的投资决定。从组织的角度来看，鉴于机构股东的权力较大，所以保持机构股东良好的印象是最为关键的。

王（Wang）等最近的一项研究为声誉与股票之间的这种关系提供了证据。通过比较在声誉排行榜上排名较高、较低以及没有上榜的公司，王等发现只要上榜就可以提升投资者对公司的看法，而如果名列前茅，公司还能拥有一定的竞争优势。

政府

与政府机构建立良好的关系会给组织带来好处，因为这样一来，组织就可以与公共机构建立、维持和发展合作。但是却很难找到相关数据证明良好的声誉能在多大程度上影响公共部门，仅有的一些数据也是打趣成分居多。原因很明显：公务员和政客从来不会承认声誉会影响自己的决定，就像他们宣称自己不会受到传言和游说人员的影响一样。

客户

在客户中，良好的声誉可以提高购买产品和服务的意愿。只要组织有了良好的声誉，任何"王婆卖瓜，自卖自夸"的宣传才有可信度。而在客户进行高风险采购时，良好的声誉对组织尤其有益。在这些风险评估中，企业的声誉与其创新力和可信度一起成为产品估值中的加分点，这样一来，客户就更愿意从声誉良好的公司购买产品和服务。

声誉良好的公司还能提高卖价，客户群也会有较高的品牌忠诚度，并会购买较多种类的产品和服务。在面对新产品时，客户会考虑新品牌背后母公司的声誉。组织依靠自身的能力建立起良好的声誉，客户对新产品便有好感。另外需要注意，这种效果可能在企业实行单一式品牌战略时最为常见。

劳动力市场

一家公司作为雇主，其声誉建立在过去所采取的行动以及求职者对企业未来工作的期许之上。因好的职场而备受瞩目的公司，外界会认定该组织在招贤上不费吹灰之力。假设我们所处的时代就业率为百分之百，并且高水平人才拥有足够的工作机会，那么在看到招聘广告时，这些人才会更愿意向声誉好的公司投递简历。调研还表明，求职者更倾向于为高社会责任感的公司工作。科德韦尔（Coldwell）等提出，求职者会根据组织在企业社会责任方面的声誉来判断公司的道德观是否与自己的道德观一致。声誉卓著的公司不仅能够吸引更多的求职者，在某些情况下，还有机会百里挑一。良好的声誉有助于从其他的热门公司吸引来更多的高管。

因此，组织应该在招贤方面维护自己的声誉，这方面的负面形象会在公司未来招聘员工时给公司带来麻烦。说得更肯定一点，成为一个有良好声誉的雇主，不仅会对企业的招聘有积极的影响，而且还有利于企业的股市估值。

非政府组织

企业，尤其是大型的或国际性的组织，尤其需要在非政府组织（NGO）方面也要保持良好的口碑。NGO 大多数都是自封的监察者或倡导团体，其运作经费往往来自基金会和个人的慈善捐款，关注的问题主要包括人权、环境、某些疾病、儿童发展以及企业行为等。虽然一些愤世嫉俗的人可能讽刺"靠着抗议来筹集资金倒是个不错的方法"，但 NGO 在地方以及国际社会中扮演的角色不可小觑，一些政府忽视的以及与政府没有任何利益关系的问题常常要借他们之力解决。从 NGO 的动机表面来看是十分道德的，这方便了他们让其势力范围内的企业吃些苦头。因此，与NGO 建立合作协同能够减少双方往来时出现争议或者敌意的可能性。

举例来说，当总部位于西雅图的星巴克咖啡（Starbucks）在咖啡采购方面受到一家 NGO 的批评时，该公司决定使用公平贸易认证咖啡（Fair Trade coffee），而没有选择与 NGO 硬碰硬。一家 NGO 可以攻击组织的客户、融资方、保险公司和供应商网络，他们的力量常常让人感到震惊。从某些方面来说，NGO 赖以生存的关键就在于其使用权力的频率和效率。

声誉十分重要，但是组织首先要有知名度

良好的声誉能给组织带来诸多优势，但前提是组织必须要在相关的受众当中有一定知名度。这就叫作企业品牌知名度（top of mind awareness）。大多数针对品牌知名度的研究采取的调研方法一般是：列出若干个公司的名称，询问受访者对每个名称的熟悉程度。这种所谓的"提示知名度"

（aided awareness）① 测试有时也会被一些开放性的问题取代，比如："在银行业和汽车行业，您能想到哪些企业名称？"并提供一张列表辅助受访者回答。但是调研的结果往往会夸大一些品牌的知名度。通过使用辨识度较高的商标，企业可以大大提高自身品牌知名度，比如说，西班牙储蓄银行（La Caixa）的标志就有很高的辨识度，该标志是由著名艺术家米罗（Miró）设计的。

拓展案例 5-2　西班牙储蓄银行商标的创立

　　西班牙储蓄银行的商标标志着传播和设计界的一个转折点，在企业传播领域开创了新潮流。由于其商标质量极高，西班牙储蓄银行的品牌知名度大大增加。这也是首个将企业的身份特征建立在艺术创作之上的例子。

　　西班牙储蓄银行的标志与其他金融机构的标志有很大不同，这一标志容易识别，也不涉及某个特定区域或者行业活动。这一标志将这一储蓄银行的经济以及社会方面的工作结合起来，使其成为一个与众不同的因素。

　　在所有备选方案中，西班牙储蓄银行最终的选择似乎也是最合适，最具创意的：琼·米罗（Joan Miró）根据一张挂毯设计了这个标志。

---

　　① 品牌知名度主要分为三种：提示知名度（aided awareness），即品牌在部分消费者心中有了模糊的印象，在提示之下能记起该品牌；无提示知名度（unaided awareness），即在无提示的情况下，受访者能主动记起某品牌；第一提及知名度（top‐of‐mind awareness），即在没有任何提示状况下，受访者能够一想到某一类别，就立刻想到并且说出品牌名称。文中的top‐of‐mind awareness，即ToMAC，如无特殊说明，一律默认为品牌知名度。——译者注

对这些开放性问题的回答显示，大多数大企业品牌的知名度在35%以下，只有少数声望较高、较受欢迎的公司能长期保持在70%以上。无论如何，企业品牌知名度比产品品牌知名度要低出许多。这在某种程度上是由广告预算的不同造成的，企业偏向于将大多数的预算都放在宣传产品上，而不是打造企业形象上。不过跨国石油公司却是这方面的例外。跨国石油公司相互竞争，从各国政府处争抢特许经营权，并总是承受着来自许多NGO的压力。就目前来看，石油生产是这些公司最大的收入来源，所以大多数公司都将广告费用花在了建立企业声誉上，而宣传石油产品只能屈居第二。从西非、巴西或者泰国获得近海采油的特许经营合同就意味着企业获得了运营执照和许可，而获得运营执照和许可正是声誉管理的核心目标。

人们记住品牌名称的能力似乎很有限，如果很少接触某一品牌，那么就更难记住其名称了。针对产品品牌推广的调研显示，即便是较常或者频繁接触某些产品，大多数人也只能记住每一产品种类的约7个品牌名称，而与品牌背后公司的接触就更少了，所以企业知名度总是落后于产品知名度。

但值得注意的是，一些B2B的企业品牌却在其本土有很高的知名度，这样的企业品牌有丹麦的马士基（Maersk）航运公司、诺和诺德（Novo Nordisk）公司，荷兰的阿克苏诺贝尔（Akzo Nobel）公司以及巴西的淡水河谷（Vale）公司。所有这些公司都被其本土民众所熟知。可见，知名度高也可能由于公司名称频繁出现在国家媒体以及广告当中，不过这也只是众多原因之一。

品牌知名度通常用"品牌知名度计分工具"（ToMAC）来估算。总的来说，至少有7种因素影响着企业品牌知名度的建立，分别如下：

·如果某公司拥有著名产品品牌，且大批不同类型的客户频繁购买该公司的产品，那么该公司就会有较高的企业品牌知名度。

·如果公司经销店的位置以及建筑比较显眼的话，其品牌知名度也会较高。

·在媒体上出镜率较高的公司会拥有较高的品牌知名度。

·公司规模越大，品牌知名度越高。

·在国家证券交易所上市也可以增加品牌知名度。

·公司对社会事业的参与度越高，品牌知名度也越高。

·国有企业在其本土会有较高知名度，而且还会被视作国家遗产的一部分。

·新进私有化公司会有较高的负面知名度，这主要是因为私有化过程的高曝光度。

要扩大企业层面的品牌知名度，最为重要的手段是媒体报道、上市以及成为国家遗产的象征。

业务遍及全球的公司在其本土上会格外有知名度。进入某国市场时间不长的公司必须在媒体报道和股市上有出色表现才能在知名度上与该国标志企业抗衡。谷歌（Google）、宜家（Ikea）、壳牌（Shell）以及诺基亚（Nokia）等公司就是这方面的典范。在本土外提升自身知名度这方面，巴西伊塔乌银行是个很有意思的例子。该银行邀请巴西著名演员爱丽丝·布拉加代言，从而让巴西的潜在外国投资者注意到伊塔乌这一巴西顶尖银行，使投资者意识到伊塔乌能够帮助他们进入巴西这个正快速发展的金砖国家。这一广告在《经济学人》、《华尔街日报》和被其他金融分析师阅读的内部刊物上都有版面。

声誉十分重要，并且会受到"经济"驱动力和"责任"驱动力的影响

企业品牌知名度是靠一系列特定的驱动力建立起来的，而这些驱动力都与企业的出镜率相关，同样的道理也适用于声誉的建立。企业获得声誉的前提主要包括经济业绩评估方面的驱动力以及企业社会责任方面的驱动力。经济业绩可通过产品和服务的质量、创新程度以及财务成果进行衡量，而对社会责任的指标主要衡量企业是否是一个好雇主、是否是一个合格的企业公民以及是否治理有术。声誉研究所利用 RepTrak™ 模式（见图 5 - 8）在这方面进行了纵向研究。研究显示，平均来看，经济驱动力比社会责任驱动力更能影响公司的声誉。然而这也因公司和行业而异。

图 5 - 8 伊塔乌（Itaú）的全球广告

声誉调研一般是一个长期不间断的过程，从而公司能够得到如下问题的详尽答案：我们如何与行业内的其他公司进行比较？我们与去年相比有何新面貌？我们赖以生存的关键利益相关方之间有什么不同之处？哪些品质是最为重要的？我们能改变这些品质吗？如果能，那我们该如何将其转化为行动？

图 5 - 9 是对影响企业行为的首要声誉驱动力进行深入调查的结果。该例子通过对一家假想公司进行的 RepTrak™ 模式分析展现了经济声誉驱动力和社会责任声誉驱动力（分为 23 种品质特征）对企业行为意图的影响。由图 5 - 9 可看出，该例子精准地展示了哪些品质特征对公司有利，哪些会不利，哪些会毫无用处，为下一步传播工作指明了方向。

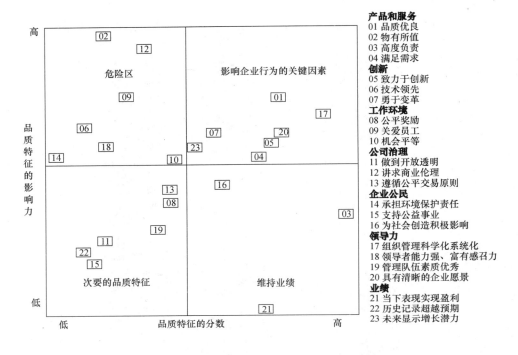

图 5 - 9 23 种推动建立声誉的品质特征对购买意图的影响

对"产品和服务"（01）和"未来发展"（23）这两项的行为评估和行为影响评估分数为正，而处在"危险区"象限的分数为负。标在危险区的这些品质特征大多是与责任相关的，虽然估值低，但对企业行为的影响却很大。企业传播部门和高级管理层必须高度重视所有给企业行为带来负面影响的声誉品质特征。

声誉十分重要，并且会受到行业特性的影响

企业所在行业的特性会影响企业的声誉。举例来说，依据声誉研究所百分制的标准，制药企业的分数基本在 60—65 分。如果制药公司能在其原来的基础上对产品组合进行重组，并以生命科学公司的身份示人，那么其分数就有可能上升至 65—70 分。近期的研究显示，对一家公司的评估不仅取决于其自身的行动，而且还取决于该公司所在行业内其他公司的行动。若公司知名度较高，且经常通过广告、赞助以及其他能提升知名度的渠道与公众互动，这种外溢效应的影响力就更大了。

声誉十分重要：通过四个问题来收集相关情报信息

收集声誉情报有几个重点，总结这几个重点要先回答图5 – 10中提出的四个问题，从而使组织能够在声誉管理方面为实现外部协同做好充分准备。

什么是整体声誉？如何将其与对手比较？

低—中—高

哪些驱动力对声誉的影响最大？

品质特征 X、Y、Z 有积极影响……
品质特征 A、B、C 有消极影响……

哪些驱动力对行为影响最大？

品质特征 X、Y、Z 有积极影响……
品质特征 A、B、C 有消极影响……

公司会在多大程度上受到行业声誉的影响？

低—中—高

图5 – 10　战略目标与声誉之间的适配

整合收集到的外部情报信息

有关外部利益相关方问题和看法的信息能够帮助企业与关键的外部受众建立长久的关系。而真正建立起这一关系的前提则是保持一致性。企业因此需要定期监测并整合信息，从而方便调整与外部利益相关方建立什么样的协同、为什么建立协同以及何时建立协同。本部分收集外部情报信息方面的重点内容总结见图5 – 11。

这一"外部相关事实表单"（External – context fact sheet）使经理们能够从战略传播的角度厘清重点，并创建相关路线图，规划好旨在建立外部协同的行动。但是，这张表单仅仅是企业长征中意义重大的第一步。而下一步则需要将信息应用到外部世界当中，不管是争取敌对利益相关方，还是代表组织所在行业创建并推广崭新的实体。在这一环境当中利用的技巧多种多样，可以是柔和的、有吸引力的，如以绒毛动物和舒缓的音乐为主要特征的广告；也可以是直接痛快的诉讼。在现实世界中，政府、非政府

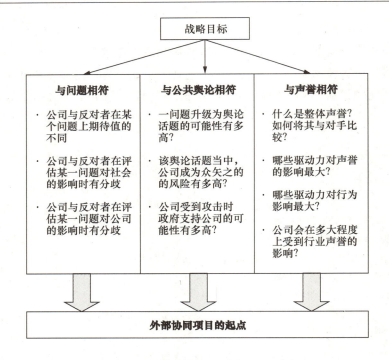

图 5 – 11 外部相关事实表单

倡导团体以及个人都在迫不及待地记录并散播具有毁灭性效果的影像，这些影响可以像病毒一样迅速蔓延。身处当今这样的世界，你的事就是每个人的事。而如何管理好企业就是建立外部协同的核心所在。

注释：

1. B. 佩洛特：《战略问题管理：整合框架》，《综合管理期刊》1995年第 2 期。

2. 同上。

3. R. A. 巴克霍尔兹：《管理的公共政策要素》第二版，恩格尔伍德·克里夫斯、普伦蒂斯·霍尔，1990 年。

4. F. A. J. 范·登·布希、C. B. M. 范瑞尔：《作为公司环境战略的缓冲和传播》，《企业战略和环境》1998 年第 1 期。

5. 壳牌荷兰有限公司，1995 年档案。

6. J. 格朗特：《关于死亡率的自然观察和政治观察》，查尔斯·亨利·赫尔编：《威廉·佩迪爵士的经济学著述》1899 年第 2 期。

7. G. W. 奥尔波特：《性格：一个心理学阐释》，霍尔特、莱因哈特和温斯顿，1937 年。

8.《舆论季刊》2011 年第 2 期，牛津大学出版社。

9. 奥尔波特：《性格：一个心理学阐释》，霍尔特、莱因哈特和温斯顿，1937 年。

10. H. L. 蔡尔兹：《公共舆论：本质、形成和作用》，普林斯顿，新泽西州：D. 范·诺斯特兰，1965 年。

11. M. 布劳威尔：《大众传播以及社会科学：被忽视的领域》，《国际社会科学周刊》1962 年第 2 期。

12. C. E. 卡罗尔、M. 麦康姆斯：《商业新闻对大型企业公众形象和有关公共舆论的议题设定效应》，《企业声誉评论》2003 年第 1 期。

13. M. L. 亨特、L. N. 凡·沃森霍夫、M. 贝西欧：《利益相关方媒体：企业责任的特洛伊木马》，工作论文，欧洲工商管理学院（IN-SEAD），2009 年。

14. E. 诺埃勒·诺依曼：《意见氛围中的骚动："沉默的螺旋"理论的方法论应用》，《舆论季刊》1997 年第 2 期。

15. 同上。

16. G. E. 法雷尔、J. 王：《〈财富〉杂志的企业"声誉"指数：什么的声誉?》，《管理期刊》1994 年第 1 期。

17. 维基百科网站：http: // en. wikipedia. org/wiki/Gestalt_ psychology（访问于 2010 年 1 月 19 日）。

18. L. J. 庞兹、C. J. 福伯恩、N. A. 加德伯格：《RepTrak™脉动指数：让一个简易的企业声誉测量方法概念化并生效》，《企业声誉评论》2011 年第 1 期。

19. 同上。

20. J. 科代罗、R. 萨姆巴哈亚：《企业声誉是否会影响到证券分析师的收益预测?》，《企业声誉评论》1997 年第 1 期。

21. P. W. 罗伯茨、G. R. 道林：《企业声誉的价值：声誉如何能够助企业获得并保持高水准盈利能力?》，《企业声誉评论》1997 年第 1 期。

22. 同上。

23. Y. 王、G. 贝伦斯、C. B. M. 范瑞尔：《管理声誉排行：吸引股票投资者的关键一步?》，伊莱姆斯管理研究所（ERIM），工作论文，2011 年。

24. 同上。

25. J. E. 格鲁尼格编：《做好公关和传播管理》，希尔斯戴尔劳伦斯·厄尔鲍姆联合公司 1992 年版。

26. J. E. 格鲁尼格、T. 亨特：《处理公关》，霍尔特、莱因哈特和温斯顿，1984 年。

27. C. J. 福伯恩、C. B. M. 范瑞尔：《名誉和财富：世界顶尖公司是如何建立起良好声誉的》，皮尔森出版公司和金融时报 2004 年版。

28. M. 戈登伯格、J. 哈特维克：《宣传声誉的效果以及广告宣传效用的极限》，《消费者调研期刊》1990 年第 2 期。

29. J. B. 汤普森编：《政治丑闻：媒体时代的权力与出镜率》，《政治体制》2000 年。

30. Z. 古尔汉－坎利、R. 巴特拉：《企业形象何时会影响产品评估：感知风险的缓和作用》，《市场营销调研期刊》2004 年第 41 期。

31. R. G. 埃克尔斯、R. M. 格兰特、C. B. M. 范瑞尔：《声誉和透明度：公共曝光的惨痛教训》，《长期规划》2007 年第 4 期。

32. T. J. 布朗、P. A. 达率：《公司和产品：企业协会和消费者对产品的反应》，《市场营销期刊》1997 年第 1 期。

33. G. A. J. M. 贝伦斯、C. B. M. 范瑞尔、G. H. 凡·布鲁根：《企业协会和消费者对产品的反应：企业品牌支配地位的缓冲作用》，《市场营销期刊》2005 年第 3 期。

34. H. L. 卡迈克尔：《劳动力市场中的声誉》，《美国经济评论》，美国经济协会，1984 年 4 月。

35. K. W. 乔文、J. P. 格思里因：《在劳动力市场中的声誉和公司的价值》，《管理和决策经济学》1994 年第 15 期。

36. T. A. 贾奇、D. M. 凯布尔：《申请者性格、组织文化和组织吸引力》，《人员心理》1997 年第 50 期。

37. D. M. 凯布尔、D. B. 特班：《招聘时组织形象的重要意义：从品牌资产的视角看》，《应用社会心理学期刊》2003 年第 33 期。

38. R. D. 盖特伍德、M. A. 高恩、G. J. 劳滕施拉格：《企业形象、招聘形象和最初的职业选择决定》，《管理学会期刊》1993 年第 2 期。

39. D. W. 格林宁、D. B. 特尔班：《企业社会表现在吸引高质量员工方面的竞争优势》，《商业和社会》2000 年第 39 期。

40. D. A. 科德韦尔、J. 比尔斯贝利、N. 凡·莫伊尔斯、P. J. G. 玛什：《员工与组织在道德观上的契合对招贤留才的作用：发展经得起检验的解释模式》，《商业道德期刊》2008 年第 78 期。

41. 凯布尔、特班：《招聘时组织形象的重要意义：从品牌资产的视角看》，第 2244—2266 页。

42. 卡迈克尔：《劳动力市场中的声誉》，第 713—725 页。

43. 乔文、格思里因：《劳动力市场中的声誉和公司的价值》，第 543—552 页。

44. P. A. 阿根蒂：《与活动家合作：星巴克是如何与 NGO 合作的》，《加利福尼亚管理评论》2004 年第 47 期。

45. 格林宁、特班：《企业社会表现在吸引高质量员工方面的竞争优势》，第 254—280 页。

46. C. B. M. 范瑞尔：《荷兰公众中的企业第一提及品牌知名度》，《企业声誉评论》2002 年第 4 期。

47. La Caixa 网站：www. lacaixa. com/ informacioncorporativa/historia_en. html（2011 年 7 月访问）。

48. 科德韦尔、比尔斯贝利、凡·莫伊尔斯、玛什：《员工与组织在道德观上的契合对招贤留才的作用：发展经得起检验的解释模式》，第 611—622 页。

6　打造外部协同路线图

　　企业的运营需要一批外部利益相关方的支持，至少需要他们保持中立。企业的最低要求是了解自身的发展目标及规划的行动，这也是建立对话意愿的第一步。若企业最终与其利益相关方建立了相互理解、互利共赢的关系，企业协同也就得以建立，公司也可以进一步全面实施其规划。

　　与建立内部协同类似，企业的外部协同同样可以通过谈判型（negotiation）或对峙（confrontation）的方法达成，这两种方法在实施过程中都包含两个方面，谈判型包含商谈（consultation）和协商手段（consensus），而对峙则包含回应手段（mirroring）和高压手段（power play）。

　　显然，谈判型带来的企业风险最小，而对峙无论是长期和短期都存在缺陷，谈判的性质保证了企业在谈判型过程和结果方面拥有更多的控制，对峙则不然，比如，与持反对意见的利益相关方对簿公堂，不仅将别人牵连进官司，还会造成无法预料的风险与可能的伤害。因此，多数企业主要采取谈判型方式，只有在谈判型破裂，无法建立预期的外部协同时才转而进行对峙。

　　尽管对峙也能创造协同，这种方法往往对双方间的信任造成损害，因此，企业常在对峙后紧接着进行谈判，以挽回利益相关方的信任。然而，无论采取何种策略，协同成功的建立离不开来自企业内外专家的共同合作。在此，本书要强调的就是公司内的传播交流。传播首先需要公司各部门合作，然后才能进行交流，因此，专业的传播者必须先了解其他部门的管理者职责以及其他领域专家的任务。

　　表6-1总结了企业可选择的外部协同路线。

表6–1   企业外部协同路线

谈判型（Negotiation）	对峙型（Confrontation）
商议手段（Consultation） ·连锁指挥（Interlocking Directorates） ·非正式商议（Informal Consultation）	回应手段（Mirroring） ·游说（Lobbying） ·倡议（Advocacy）
共识手段（Consensus） ·特别平台（Ad Hoc Platform） ·缓冲（Buffering） ·合资企业（Joint Venture）	高压手段（Power Play） ·法律手段（Legal Actions） ·竞争压力（排挤对手） （Competitive Pressure）

谈判型

　　企业运营并非单打独斗，不同团体影响、文化适应程度、政策改变及企业妥协等种种因素决定着企业决策，有时还会使企业改变既定政策。几乎所有行业内的领军企业都面临着所谓的"外部决定因素"，这些因素来自于政府、竞争对手或竞争团体可能采取的威胁或保证性行动，其影响对企业发展有着极大的危害。在社交媒体时代，企业更有可能受到其他竞争团体的言论攻击。

　　若企业能与其主要利益团体建立联系或进行定期传播，这种威胁便会大大减少，所建立的联系可以是企业与其最具影响力、最重要的利益相关方建立一对一的直接关系。许多企业正是采取这种方式建立外围协同，企业自身仿佛是车轮的轮轴，相关方则像轮辐向不同方向辐射。只要企业能够准确辨别出最重要的利益相关方，并能够将其与其他相关方区别开，这种一对一概念就能满足企业建立外部协同的需要。

　　然而，企业所处的环境更多需要同时与几个利益相关方接触，相关方之间也会进行互动，从而形成连锁网络。处理如此复杂的关系会分散企业注意力，使其偏离原来的工作中心，放弃原有的关注焦点，这也正是为什么众多企业依靠美国石油组织（American Petroleum Institute）、优质食品联盟（Alliance for Better Foods）和国家制造商联盟（National Manufacturers Association）这类组织帮助其进行政治游说，领导加薪运动以及处理存在利益冲突的多方影响。这种方法称为缓冲（buffering），企业通过与缓冲机构建立合作关系来达到目的，缓冲机构遵守企业组织信条，为企业在重要利益相关方面前进行正面宣传。除了选择正式缓冲机构，非正式的缓冲方式同样能够满足企业需求，包括资助慈善基金会、资助独立学术研究机构或赞助慈善机构。外部相关者在获悉这类关系后，会将企业视为值得支持的对象。

拓展案例 6 - 1　西班牙电信企业社会责任项目 "Pronino"

　　1998 年，西班牙电信集团开展了 "Pronino" 这一社会公益项目，该项目由集团 13 个拉丁美洲办事处的移动电信部门负责，极大地减少了区域内雇用童工的现象。西班牙电信与当地国际劳工组织（International Labour Organization，ILO）合作，项目目标与后者的区域目标不谋而合，即在 2015 年以前改变童工的恶劣职场，并在 2020 年前彻底消除童工的存在。

> **"Pronino"涉及的领域**
>
> 以下三种是 ILO 建议实行项目的领域：
>
> ·为被雇用儿童提供全面保护；
>
> ·为这些儿童提供持续的、高质量教育；
>
> ·加强社会及机构制度的构建，以保证项目中长期的稳定发展。
>
> **"Pronino"阶段成果（截至 2008 年）**
>
> "Pronino"项目已使 107602 名拉丁美洲青少年及儿童直接受惠，持续介入遍及区域 13 个国家的 2596 家教育机构（包括 1277 家学校和 419 家教育辅导中心）。
>
> 　与"Pronino"直接合作的 105 个非政府组织构成了项目的主要基础，此外，与之合作的各国学校、公立或私立的教育机构也为项目的进行做出了贡献。

谈判型中企业常常使用的技巧是"连锁指挥"（interlocking directorates），即令相关方德高望重的代表在企业中担任正式职务，而且往往是公司管理层成员或企业其他重要顾问职务。这类委派使企业领导者得以了解合作方并与之进行互动。然而，由于管理人员数量限制，连锁指挥尽管有效，使用范围却也十分有限。

并非所有的外部协同关系都需要通过合作关系的方式来建立，面对来自特定团体的施压，企业也可以选择一些非正式的方式来回应。举例来说，企业按照市议会规定改变公司政策，这意味着企业承认其运营取决于政府颁布的许可。这类情况称为"非正式商议"（informal consultation）。与潜在竞争对手进行的一些小型、具有特殊性的合作有时比大型正式合作项目的影响大，谈判型将这种情况称为"特别平台"（ad hoc platform），这种平台的建立往往旨在与特定利益集团达成共识手段。最理想的谈判型模型，逻辑上同时也最具风险的模型，是建立合资企业（joint venture），即与一个或若干个组织建立正式法定的公司形式。

对　　峙

对峙策略包括一些最常见最广为人们所接受的方法，如游说以影响政治环境或进行倡议运动影响公众舆论。我将这些方法称为"回应手段"（mirroring），字面理解就是以企业对现实的看法折射企业的商业意图。

世界自然基金会关于森林与气候变化意见书

 for a living planet

执行总结

后 2012 时代，人类急需强硬的气候管理制度以保证全球气温升高维持在 2℃ 以内。要实现这一目标，就要减少全球温室气体排放，主要任务是减少发展中国家荒漠化及森林退化造成的气体排放（REDO）。我们必须贯彻以下方针，保证 REDO 的顺利实施，建立有力的气候管理体制。

阶段任务

REDO 需要全面的准备与周密的计划，以实现可测量、可报告、可验证的减排目标，最好的实现方法是建立具有国家基准和国家级管理的 REDO 项目。这类项目通常分三步走：规划（阶段一）、准备（阶段二）、执行（阶段三）。一个阶段向下一阶段进阶需要达到明确而国际化的标准，该标准必须由联合国气候变化框架公约（UNFCCC）通过。后 2012 时代，条约应该包含管理机制，监督各国在不同阶段进行的有自身特色的减排过程，帮助确立各国国家基准并进行阶段性检验复审。

REDO 的资助

国际社会应该立即对 REDO 项目进行持续性的、可预测金额的资金援助，这些项目目前急需扩大规模和进行早期行动所需的资金。发达国家应承诺向这些项目提供资金，这也是其在哥本哈根举行的第 15 届气候变化大会上达成协议的一部分。高级别、可预测规模的资金支援来自分配数量单位（AAU）拍卖会等来源，同时，利用国际交通网络有利于保证 REDO 期间发展中国家的交通运输，进一步促进节能减排工作的推广，必须得到大力支持。其他来自公共或私人的资金支持以及志愿提供的碳收购市场也应该得到鼓励。

长期以来，完善的碳收购市场在保证 REDO 资金充足方面扮演着日益重要的角色。要满足发展中国家的要求，该市场必须保持全面整合、功能完善，激励发达国家进行经济转型，最大限度地增加对 REDO 项目的资金支持，同时其收益足以弥补不同国家进行节能减排所付出的努力。

发达国家整体应承诺 2020 年排放量比 1990 年减少 40%，大部分减排（约占减排指标的 30%—35%）任务通过国内能源等主要经济部门进行转型而实现。此外，应支持发展中国家，使其气体排放量比经济正常运转时减少至少 30%。发达国家应通过资助 REDO 项目及其他公众减排方式或 AAU 拍卖等市场运营方式筹集资金，帮助发展中国家实现目标。

图 6－1　世界自然基金会（WWF）关于森林与气候变化的意见书

游说（lobbying）是指影响政府决策的行为，更确切地说，是影响政府代表不同团体的立法及管理决策。游说者需要将企业的意见与政府进行传播，主要是一项提案对社会各方的影响，包括对企业与行业、消费者、环境保护以及立法者最关心的受众——选民的影响。与此同时，游说者充当企业与立法者之间的桥梁，为政府官员提供起草法案法规所需的信息，也为企业提供政府官员的决策。当选的政府官员往往从各方为政府重大项目吸收投资，其中包括公共或私人团体代表、"绿色和平"组织等社会活跃团体以及其他各色社会组织的游说者。

专业的游说者通常代表大型、国际化法律公司，以详细政策报告的形式提交信息，解释、验证并且就一项具体行动对企业提出建议。其报告往往公开发表在公共机构网站，如果内容基于研究结果，观点清晰信息翔实，数据推理严谨扎实，就能造成较大影响。老练的游说者往往在报告中写入优缺点对比，加入反对者的观点，使报告更具辩证性，同时明显凸显其中一方观点的优势。当然这种技巧并不能混淆视听。游说者有时甚至起草立法法案，对于公众来说这也许不可想象，然而却也因为其节省了公务员大量工作而成为一种司空见惯的现象。

企业使用的另一种回应手段技巧是倡议（advocacy），包括企业通过广告倡议等方式向公众展示其对于某重大事件观点所做的一系列行动，或者社会积极分子利用采访、新闻发布会或公众演讲等形式进行的活动。这类投资最终达成的效果可分两步显示，企业希望其观点能够影响公众舆论，从而对政府决策造成舆论压力，并说服对选民负责的政府中的决策者其最终目标是减少行业限制或增加支持补贴。

对峙（confrontation）策略中包含一项极具风险性的干预政策，我称之为"高压手段"（power play）。比如，直接使用法律手段（legal action）能够迫使对方采取我方期望的行动，但是前提是我方支付诉讼辩护的费用，也承担败诉的风险。打官司往往使双方对簿公堂以解决纠纷。尽管双方最初的想法是通过第三方干涉达成仲裁或调解的目的，然而走上法庭确实已经是企业的最后一搏。许多官司都因为当事方的恐惧而远在律师们开庭辩护之前提前庭外和解。

乍一看，法律手段作为公司创造协同的技巧显得十分古怪，但是，当进一步谈判型遥遥无期，企业的确会使用诉讼作为最后一步。企业与当事方的关系在很长一段时间里会处于僵局，重新缔结协同关系也不可能在短期实现。然而，一旦法律手段有效实施，企业将打破僵局，之前不愿谈判的相关方就不得不再次进入谈判型流程。法律手段也可以将其公司信条与价值观在更广大的公众之间进行传播，为公司树立依法维护自身合法地位的形象。

高压政策另一项比较敏感的应用是竞争压力（competitive pressure），包括通过收购大幅扩张市场份额，抢夺竞争对手的人才资源，或直接雇用对手的高级主管，迫使对方接受自身的企业文化——正如埃克森美孚公司（Exxon Mobil）所做的那样。竞争压力政策也曾为日本企业所用。20 世纪70 年代，日本钢铁制造商在美国以不惜赔本的方式倾销商品，最终拖垮了美国的竞争对手。但是，高压政策总体上来看是有风险的。如同法律手段一样，高压政策也会损害双方之间的关系，但同时也是企业打开局面，与其他相关方建立更紧密联系的开端。诺基亚（Nokia）与微软（Microsoft）自 2011 年开始的合作正是基于这种考虑，双方的合作旨在削弱苹果（Apple）与谷歌（Google）的势力。

两项案例分析：联合利华与孟山都就转基因食品的谈判型与对峙路线图

谈判型与对峙路线图的实际应用在下面两个案例分析中得到了极好的体现，两者的关注点都是转基因食品的引进。案例一是美国公司孟山都（Monsanto）采取的路线，案例二则是英荷联合利华公司（Unilever）的路线。转基因食品是一个晦涩难懂的话题，对于缺乏化学生物知识的人（比如我）而言更是难以理解，因此我将首先解释一下什么是转基因食品，转基因食品是如何生产的，关于它存在哪些争议以及其目前在国际食物链中的地位。

饥荒终结者还是"弗兰肯食物"？

转基因食品自 20 世纪 90 年代开发以来就引发了公众激烈的讨论，争议直至今日，其支持者与反对者所持的观点截然相反。与其他高科技新兴

产品一样，一些人认为，转基因食品能够解决世界性问题；持支持意见的
政府、企业及个人认为，生物科技能够帮助农民耕种，解决世界粮食问
题。他们认为，只有特殊的转基因粮食才能够利用地球有限的耕地资源创
造足够的产出，抵抗饥荒和营养不良。

反对者将转基因食品称为"弗兰肯食物"，这一名称来自玛丽·雪莉
（Mary Shelley）笔下的弗兰肯斯坦博士（Dr. Frankenstein）以及他创造的
怪物。1992 年，保罗·里维斯（Paul Lewis）与波士顿大学一名教授联合
向《纽约时报》致信，信中首次用"弗兰肯食物"称呼转基因食物。此
后，"弗兰肯食物"作为一个简明扼要而又意味深长的称呼，成了对转基
因粮食的蔑称，并使其反对者用于反对的抗议口号。一批对科技持保守意
见的社会活动家和科学家组成了自发的组织，他们认为，尽管不是开发者
的本意，但转基因生物进入自然环境，极有可能对人类健康以及自然环境
造成极大损害。

然而，转基因食物已然成为欧美各国乃至全世界餐桌上的常客，广大
消费者和政府管理人员对其关注甚少。尽管政府部门还未许可转基因动物
的购买，但针对某些品种的实验促进了对转基因粮食的购买。目前，关于
转基因食物的争论，最切题的就是转基因食品产业的健康。事实上，这个
产业的存在本身正是对谈判型或对峙策略能否博取信任的最好验证。

从孟德尔到孟山都

自从一万年前，我们的祖先放弃茹毛饮血，开始进行粮食栽培收获庄
稼以来，人们一直在寻找高产、优质、耐旱、能抵抗病虫害的粮食以及豆
类。不要怀疑，新石器时期的原始人类能够分辨出低产与高产的粮食种子
并且对其采取不同的耕种方式。但是，遗传和改变植物基因的概念直到
19 世纪 80 年代中期才出现，来自奥古斯丁教派的教师格里高里·孟德尔
（Gregory，Mendel）是这一学说的创始人，他利用院中的豌豆进行实验并
留下了实验手稿。

得益于美国植物学家卢瑟·布班克（Luther Burbank）等科学家，园
艺技术得到了快速的繁荣发展，在 50 多年的职业生涯中，卢瑟利用嫁接
和杂交等方式培育出了 800 多种庄稼、水果、蔬菜、草类及其他植物，包

括具有划时代意义的布班克转基因（Russet Burbank）马铃薯，后者仍是目前世界上最负盛名、最常培育的马铃薯，并且一直是麦当劳（McDonald's）炸薯条的基本原料。不仅如此，布班克的工作推动美国国会于1930年通过了植物专利法案，保证昂贵的培育新粮食品种实验研究的顺利进行。

20世纪中期，诺贝尔奖获得者，农学家诺曼·博洛格（Norman Borlaug）领导了高产、高抗病性小麦以及其他基础粮食的培育，他还在墨西哥、巴基斯坦和印度引进了现代化农业生产技术，解决了这些国家人口增速快带来的粮食问题。博洛格被称为"绿色革命之父"，但同时也招致了环保主义者的诟病，后者认为转基因食物不符合自然规律，频繁使用杀虫剂和化肥对自然环境有害无利，最终只会给农用化学用品公司带来利益。博洛格晚年时承认这些问题的确存在，但是仍然相信他凭此拯救了十亿人口，与环保主义者所提出的这几点相比显然利大于弊。

1972年，转基因研究发生了天翻地覆的变化，这一年在夏威夷举行的一次细菌质粒的研讨会上，来自斯坦福大学的医学教授斯坦利·科恩（Stanley Cohen）与来自旧金山加州大学的生化与基因工程师赫伯特·伯耶（Herbert Boyer）相遇了，两人一拍即合，决定共同进行研究。科恩一直在研究如何将质粒中与抗体有关的基因分离出来，而伯耶则一直在探索一种能够在特定位置切断DNA的酶，这种酶可用于分离基因束中的不同基因。两人决定合作后的数月之内就成功将外来DNA添加进一枚质粒，并放入细菌中进行复制，以产生新品种。将两种不同生物的基因进行结合是生物学的革命，自此科学、医药和食品产业发生了深刻的变革。

不久之后，基因工程开发了数不胜数的转基因粮食，品种涵盖大豆、油菜和玉米。这一突破使粮食产量得到了惊人的增长，对病虫害的抗病性以及对针对除草剂的抵抗能力也大大提高。

首款实行商业化种植的转基因食品是佳味（FlavrSavr）番茄。该番茄由加州一家公司卡尔京（Calgene）研究开发，能够在果实成熟之时仍然保持番茄的硬度。公司于1994年获得了美国食品药品总局（FDA）的认证许可，尽管这一许可并非必需。虽然佳味番茄是基因工程的胜利，也广受消费者欢迎，但卡尔京公司缺乏种植经验和粮食货运能力，并未依靠佳味获利。几年之内，佳味在市场上消失，而卡尔京公司也被孟山都公司收购。

与此同时，英国的捷利康公司生产出了一款类似的番茄，该公司将其制成番茄酱，在标签上注明其转基因性质。为吸引消费者，这种番茄酱售价低于市场同类商品。其销售更多地被认为是一种市场实验，以调查欧洲顾客是否能够接受转基因食品。在此背景下，商家、企业以及社会活动家对生物工程的未来展开了激烈的讨论。

"弗兰肯食物"的说法无疑吸引了不少转基因食品反对者的兴趣，而英国王储查尔斯的话更激发了他们的斗志。他曾说："（转基因工程）公司所插手的领域属于并且只属于上帝。"尽管欧盟委员会起初对转基因粮食制成的食品表示兴奋，但当活动家和公众对新科技的质疑甚嚣尘上，委员会成员也渐渐对其产生了怀疑。

图 6 - 2　1994 年西夫韦公司（Safeway）番茄浓汤产品使用的商标

在美国，孟山都公司成为转基因食品技术的代言人，而"绿色和平"组织则化身为反对者。越来越多的组织机构加入了这一讨论，对于转基因食品是否应该取得政府的正式法定许可发表大胆的言论。在雀巢（Nestle）的支持下，联合利华（Unilever）发表声明指出："在必要法规许可的情况下，我们支持在食品生产中使用生物工程技术。"而德意志银行（Deutsche Bank）则建议其投资者，在那些法规未通过之前就抛售手中涉及转基因食品生产公司的股票。

大西洋两岸，计划生产转基因食品的公司都遇到重重险阻。他们需要保持一大批利益相关方对转基因食品的信心，其中包括立法者、农民和消费者。美国 FDA 对这一技术持乐观态度。截至 1990 年，该机构已经批准

图6-3 "绿色和平"组织及其他非政府组织抗议转基因工程

了一种用于制造炼乳的转基因凝乳酶的生产。两年后，又表示转基因食品只需符合普通食品有关标准即可，不需在食品商标上添加转基因标志。

美国出口到欧洲的第一款转基因食品是孟山都的抗农达（Roundup Ready）转基因大豆，这种大豆能够抵抗孟山都生产的一种名为农达（Roundup）的杀虫剂，农达产值十亿美元，能够有效杀灭杂草，忧思科学家组织（Union of Concerned Scientists）宣称农达为孟山都创造了40%的利润。对此，孟山都称这种豆类的种植有利于帮助农民摆脱含有"莠去津"的除草剂，从而减少"莠去津"在环境中的长期残留。农达除草剂主要成分为草甘膦，对环境的损害较小。

但是，随着全球对转基因食品的恐惧和指责日益增加，北美的社会活动者开始号召消费者抵制含大豆或玉米的食品，作为回应，孟山都和嘉吉（Cargill）公司仍旧在食品加工行业积极推广这一技术。不仅如此，1998

年，孟山都还与嘉吉成立合资企业，在家畜饲料的培育中使用生物科技。

2000 年，美国国家科学院一份研究显示，尽管存在个别变种会引起人类严重的过敏反应，没有证据表明转基因食品的食用对人体有害。同年，安万特（Aventis）公司生产的 Starlink 转基因玉米因意外事故出现在墨西哥卷饼、玉米片、啤酒和松糕粉中，这种玉米会引起过敏，过去仅用于牲畜饲料。其卷饼使用 Starlink 玉米的负面新闻一经曝光，塔可钟（Taco Bell）公司销售额急剧下降，公司不得以更换了使用其他玉米制成的卷饼皮。除了这次事故，转基因粮食的支持者在美国管理与科学界的争论中始终占据上风。农民对这种转基因粮食表示欢迎，该产品为他们带来了更高产量，减少了杀虫剂的使用，创造了更大利润。图 6 - 4 显示，2000—2009 年，农业中转基因技术的使用有了显著提高。

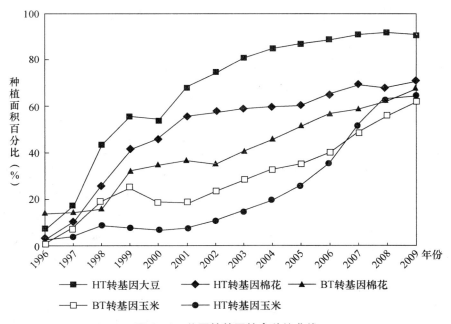

图 6 - 4 美国转基因粮食种植曲线

资料来源：美国农业部，www.usda.gov。

转基因食品当前发展情况

近几年多次研究成果表明，转基因食品带来的好处要远远大于反对者

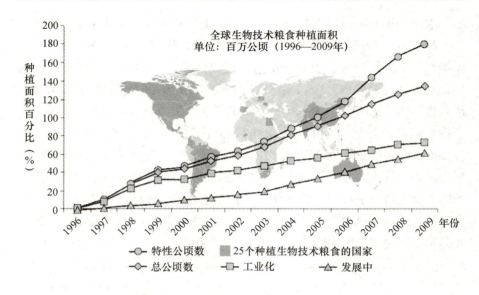

图6-5 转基因技术在农业中的应用发展

注：记录涵盖来自25个国家的1400万农民，2009年总种植面积13400万公顷（33000万英亩）比2008年增长了7%（900万公顷或2200万英亩）。

资料来源：Clive James，2009年。

声称的弊端。举例来说，2008年1月，澳大利亚昆士兰大学（University of Queensland）一项研究指出，转基因食品的食用风险是"杞人忧天，夸大其词"，澳大利亚政府不应该禁止转基因食品的商业生产。该研究作者伦理学家路西·卡特（Lucy Carter）博士以极富说服力的语言描绘了将冷水鱼体内分离出的基因植入番茄后，创造出在寒冷气候能抵抗霜冻的新品种。她还介绍了一种含有 β 角蛋白的转基因大米，这种大米能够预防肆虐于发展中国家的维生素A缺乏症导致的失明。

2010年，1400万农民种植生物技术粮食已达1.34亿公顷（相比之下，荷兰的总耕地面积只有82万公顷）。美国目前已成为全球最大的转基因粮食生产者，位于第二位、第三位的分别是巴西和阿根廷。欧洲仍然存在对"弗兰肯食物"的恐惧，但是在世界最大的消费市场——中国，转基因食品则被视为解决其14亿人口吃饭问题的必要保证。欧洲目前对转基因食品的看法也发生了潜移默化的转变。英国国家社会研究中心（National Centre for Social Research）及食品标准署（Food Standards Agency）2009年的调查研究表明，英国公众对转基因食品的态度趋于支持

（17%）或保持中立（39%），31%的民众不相信"转基因食品利大于弊"（不明白这个问题的占14%）。然而，尽管发生了这样的转变，2011年的欧洲仍然没有完全支持转基因食品的生产。与此同时，世界其他地区却已经接受了这一新兴科技。

联合利华转基因食品的生产之路

联合利华是世界领军企业之一，生产领域涉及食品、家用及个人护理产品，2010年的销售额为600亿美元（折合443亿欧元）。公司宗旨是每天为遍及全世界100个国家的20亿人口制造满意的生活。联合利华在下列食品生产中市场份额位于世界首位：小吃、涂抹酱、调味品、茶和冰激凌。鉴于其在食品行业的地位，联合利华对农林产品需求很大，造成公司与消费者乃至供应商产生了极强的依赖关系。

图6-6 联合利华商标

20世纪90年代初，联合利华就意识到公众，尤其是欧洲民众对于转基因食品持否定态度。作为消费者商品市场的龙头企业，联合利华深知引进转基因技术会为企业声誉带来极大风险，因此公司决定在是否使用转基因原料方面采取极为谨慎的态度。

联合利华早已料到"绿色和平"组织以及其他众多学会和政府对生物技术的反对会愈演愈烈，但企业也看到了这一新兴技术带来的商机。生物技术能够大大减少食品生产的原料成本，其经济优势逐渐明显，连欧洲较大的食品公司也逐渐为其吸引。因而，雀巢（Nestle）、联合利华联合其他几家企业共同领导并展开了这一预料之中的激烈讨论。

　　表6-2总结了联合利华建立外部协同所采取的主要步骤，尤其是其在荷兰所采取的方法。后面将详细介绍这些步骤。

表6-2　　　　　　　　　　联合利华建立外部协同路线

谈判型（Negotiation）	对峙型（Confrontation）
商议手段（Consultation） 1. 连锁指挥 　　——未使用 2. 非正式商议 　　——与阿霍得（Ahold）、吉斯特·布劳卡斯德（Gist Brocades）、壳牌（Shell）等相关企业、政府组织、非政府组织、学术界、消费者协会召开商议会议，建成三个正式与非正式对话平台 共识手段（Consensus）	回应手段（Mirroring） 6. 游说（Lobbying） 　　——发表针对欧盟委员会以及欧盟成员国政府的文章（针对欧洲企业在食品制造方面应用生物技术所受到的限制） 7. 倡议（Advocacy） 　　——在荷兰发起关于转基因食品的教育活动
3. 特殊平台（Ad hoc platforms） 　　——关于生物技术的非正式商议（1992年8月） 　　——黄油、脂肪、油脂产品委员会工作小组（1995年8月） 　　——生物技术产品委员会项目小组（1998—2000年） 4. 缓冲（Buffering） 　　——黄油、脂肪、油脂产品委员会（2000年至今） 　　——将产品委员会的范围扩大至所有应用转基因技术的领域，包括粮食、种子和豆类 5. 合资企业（Joint Venture） 　　——与食品行业进行合作〔雀巢（Nestle）、纽迪西亚（Nutricia）等〕	——改善与主要媒体记者的关系 高压手段（Power play） 8. 法律手段（Legal actions） 　　——未使用 9. 竞争压力（Competitive pressure） 　　——未使用

谈判型：商议手段

公司在应用转基因食品的初步讨论中使用了商谈技巧，与荷兰食品行业主要相关方进行了大范围的对话，包括皇家阿霍得［Royal Ahold，一家全球零售企业，主要零售品牌有阿尔伯特·哈恩（Albert Heijn）、Stop&Shop 等］、吉斯特-布罗卡斯德［Gist–Brocades，一家生物技术公司，目前是帝斯曼（DSM）集团的一部分］、壳牌（Shell，在与主要反对方的合作方面经验丰富）、荷兰消费者协会（Dutch Consumer League）、农业大学（University for Agriculture）以及国家经济事务与农业总局（Ministries of Economic Affairs and Agriculture）。6 年中，集团建立了 3 个独立的跨组织平台，意在与最重要的利益相关方建立更亲密的关系。

利用这些组织，联合利华得以与一些对提案至关重要的相关方进行接触，尤其是政府部门，这些部门有权制定关于转基因食品的法律规范，甚至下达转基因食品的禁令。毫无疑问，要获取公众支持首先要挑战公众的看法。所有相关组织，尤其是那些面向零售顾客的组织，都觉得转基因食品项目将会对公司声誉造成严重乃至毁灭性的打击。也正是这种担忧，使这些组织在转基因食品引入市场之初，在引起更广泛的舆论关注之前团结成一个集体，与相关机构合作，充当产业和公众舆论之间的缓冲。

谈判型：共识手段

随着生物技术的迅猛发展，欧盟颁布了两项关于生物技术的理事会指令（第 90/220/EEC 号指令和 90/221/EEC 号指令）。前者关注的是擅自向环境中投放转基因生物体，而后者则把焦点放在转基因生物体在可控环境如实验室和工厂中的应用。两项指令均限制了欧洲企业发展生物科技。相比而言，美国企业孟山都和嘉吉所受的限制要远远小于欧洲企业。自从美国食品药品管理局（FDA）1992 年颁布法令以来，转基因食品只需要达到普通食品标准即可投放市场，不需满足其他附加条件。虽然欧洲企业明显落后了，但文化与政治的现实迫使他们不得不先建立协同关系。

相关组织和企业都意识到生物技术和转基因食品引发的问题已经模糊了行业中不同企业个体之间的界限，非正式商议应运而生。时任联合利华总裁的莫里斯·塔巴克斯布雷特（Morris Tabaksblat）在一次关于生物技术影响力的演讲中说：

无论是消费者、贸易商、警方、立法者还是食品行业的工作者，都代表着一个庞大的商品类别和部门，这些不同领域差别之大，其间相互依存之紧密，令人惊叹。而归根结底，我们都有一个共同的目标，那就是更好地服务顾客。

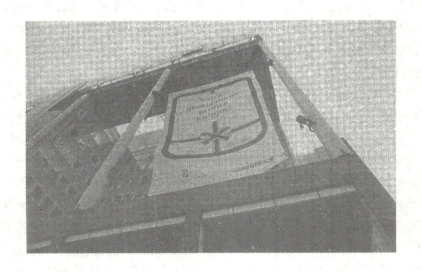

图6-7 "绿色和平"组织对联合利华发起攻击

非正式平台的成员并不仅仅局限于企业，许多非政府组织也受到邀请，其中消费者协会以及自然环保组织等一小部分机构会接受邀请。商谈有两个重要目的：首先，所有参会者都希望通过商谈收集并分享双方存在的共同利益；其次，会议宗旨是要为企业代表和非政府组织成员创造公开对话的条件。由于此类会议早在荷兰引入转基因食品原料的4年前就存在了，相关群体得以在公众关于生物科技的争论越发白热化之前建立对话关系。但尽管如此，转基因食品仍然难逃被指责的命运。1997年绿色和平组织悬挂在联合利华鹿特丹总部的反对旗帜就是最好的佐证。

经过三年商讨，食品行业成员发现，由于平台缺乏人力财力和明确的纲领，非正式商谈已经不能满足要求。1995年秋，食品行业成立了黄油、脂肪、油脂产品委员会，这是一个代表食品行业利益的半公开组织，充当行业的官方"发言人"。委员会有大约30名常驻员工，各成员公司要依规缴纳资金，保证委员会拥有充足的预算。成立之初，委员会还成立了一个工作小组，以在转基因食品进入荷兰时维持与利益相关方的紧密联系。

为回应董事会关于联合利华为何要在生物技术领域放弃一定的自主权，公司一位经理这样回答：

> 要为顾客提供服务，就必须充当中央信息点。一位母亲在焦急的时候是不愿意连续拨打 20 个不同的电话的。站在顾客的角度，中央处理才是最好的选择。

认识到媒体的重要作用后，行动小组建立了媒体工作室供媒体记者用准确而翔实的信息对生物技术进行报道。该工作室在全国首先展开了针对广大民众的媒体宣传，并提供免费热线和免费宣传册供市民了解背景信息，还组织了行业代表和非政府组织之间的非正式会议，促使双方关系继续发展。

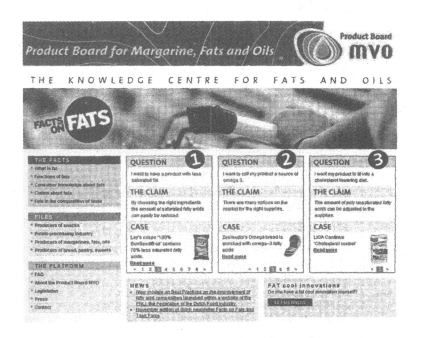

图 6−8　"脂肪小常识"是"黄油、脂肪、油脂产品委员会"
（MVO）的一份倡议传单

最终，该团体成功与负责农业事务及食品标准的政府部门建立了多种正式联系，各方代表携手成立了生物技术产品委员会项目小组。小组"吸收"原特别小组的能力、资源、联系人、资金以及员工。这样批评者的对手只有一个，荷兰食品行业便授权该组织直接处理相关批评。一位网络工程师表示：

> 我们从中学到的就是……不要为每一个新问题都建立一个新的平台。消费者不能够从平台简介中分辨两者的区别，他们不关心转基因大豆和转基因玉米的区别，所以，由一个单一组织向消费者提供转基因农产品信息效果更好。要想发表意见，就要尊重现有的渠道。

除了企业和政府部门，非政府组织也参与了转基因食品非正式商谈。一位政策指导解释了非政府组织参与的原因：

> 我们参与这一平台是因为：首先，我们认为，向公众传递事实不是国家政府的事情；其次，我们认为，私人部门成员有时只乐于提供那些最符合他们利益的信息。我们决定与食品行业联合，向公众提供最符合他们利益的信息。与此同时，我们也能够更早地获得一手资料。

荷兰食品行业针对转基因食品采取的方案是协商手段的经典案例，创建了一个包含转基因食品潜在反对者的网络，成员涵盖消费者、大学以及环保组织，最重要的是建立了与当地政府的积极传播互动，极大地保持了该行业在生物技术相关事务方面的自主权。经济事务部的一位高级官员解释了政府对食品行业放权的原因：

> 政府在这一过程中采取不插手策略是因为行业及时将信息向政府进行了通报，双方在生物技术交流会（Communicative Consultations on Biotechnology）、食品药品管理局常规会谈（Regular Consultations of the Food and Drug Administration）等很多场合都进行了会晤。因此，政府在这一事宜上保持置身事外的态度。

通过政府官员在生物技术政策制定方面施加非正式影响，荷兰食品生产企业表现出了其"愿意"向公众放弃一部分主动权的诚意。

对峙：回应手段

响应联合利华号召而建立的组织还决定要开展公共信息宣传运动，向荷兰民众普及转基因食品，将介绍新产品的"知识锦囊"派发给与之有关或者感兴趣的利益相关方。这些组织始终与科学家、政府和非政府组织保持着公开对话，定期召开新闻发布会，项目组还展开了对 BT 转基因玉米的宣传，开设免费热线，分发免费宣传册。这些协同关系逐渐向正式化方向发展，为新生的转基因食品产业迎接下轮挑战做好充足准备。

联合利华对于对峙手段策略的另一项应用是运用巧妙的交互传播策略，改善与媒体的关系。联合利华听取记者的意见，并以此调整其媒体政策，极大地优化了双方的合作。公司意识到，尽管媒体最有可能成为生物技术的反对方，它同时也是企业与公众和政策制定者传播的桥梁，理应为其专业性而得到尊重和重视。一位对联合利华进行了相关报道的记者称：

> 他们（学会了）尊重我的专业。对我来说最重要的是，我在组织中有一个专属的联络人，我不想与所谓的公关经理进行传播，他们的话只会成为我的负担。联合利华使我能够与我所感兴趣的人进行交流。

对峙：高压手段

联合利华有意不在转基因食品方面使用法律手段或竞争压力等对峙技巧。在欧洲，尤其是主流政治观点认为，转基因食品可能对消费者有害的情况下，企业并没有很大余地对政府相关组织施加压力，以促进这一新兴技术的推广。美国的政治环境与欧洲正好相反，这也正是孟山都在转基因食品方面能够运用多种手段联合外部相关者的原因。

孟山都推广转基因食品的方法

孟山都是一家美国公司，专注于农产品及菜种、农用化学剂以及农业生物科技产品。公司约有 21000 名员工，业务遍及全球 66 个国家，2010年收入为 105 亿美元。公司网站定义孟山都是"世界专注于农业可持续发展的领军企业之一，我们致力于为农民发现并提供创新产品，帮助他们更好地为世界提供衣食和燃料"。孟山都强调应用转基因等科技能够给我们带来三方面优势：

·帮助农民为全世界提供衣食和燃料；

·在全球人口预计在未来几十年内增长 40% 的情境下，限制耕地、水、能源等自然资源的使用；

·满足人口增长带来呈指数增长的粮食需求。

孟山都坚持认为农业和生物技术的高科技发展推动了发达国家和发展中国家的农业生产，使得不同规模的农业经营走向可持续发展的道路。其结果就是在不增加水资源、耕地资源和能源等资源损耗的前提下，保证粮食生产能够满足人口的快速增长。孟山都将这一经营模式称为"可持续农业"，在此模式下，农民能够生产更多粮食，节约自然资源，提高人民生活水平。

图 6 - 9　孟山都商标

图 6 - 10　可持续农业

资料来源：孟山都网站，2011 年。

联合利华和孟山都有着明显的区别，两者在推广转基因食品技术的不同主要体现在三个方面：首先，孟山都是一家 B2B 的企业，专营粮食种子和杀虫剂。因此，对孟山都而言，顾客满意度来源于获得更大收益的农民，而非来源于终端用户。其次，美国对于转基因食品的态度和支持程度不同于欧洲。孟山都所在的美国对转基因食品持更积极的态度，而联合利华则面临着欧洲各界对转基因食品的质疑。来自社会活动家的质疑使欧洲的转基因食品企业饱受重压，美国社会观念更开放，社会活动家对转基因食品的态度并不那么恶劣。最后，孟山都在处理对公司企业道德的批评方面经验丰富。孟山都多年来面临其对杀虫剂等产品销售的质疑，尤其是在美国越战期间生产销售的"橙汁"落叶剂（Agent Orange defoliant）。

在这种条件下，孟山都推广粮食和豆类的转基因种子的方式自然与联合利华截然不同，而且别有成效。转基因食品进入商业推广 20 年后，世界大多数人都接受了这一新兴科技。换句话说，从商业角度看，孟山都在将转基因技术推广到农业生产方面成功地建立了外部协同，达到了预期的战略目标。公司企业传播主管杰里·斯坦利（Jerry Steiner）曾这样解释这一成果："无论是亲自试用，还是观察邻居使用，当农民逐渐意识到该产品的价值并越来越相信这一价值时，转基因技术的使用就会由平稳上升发展为快速增长。"实际上，这些"邻居"有时可能在数英里之外，甚至在其他邻国（包括在巴西和印度的两家农场），在这些国家获得行政审批比其他国家要多花五六年时间，一些农民（事实上有数千人）等不及孟山都正式销售这些产品，就通过非法过境购买等方式购得转基因产品。斯坦利解释道：

> 农民间的相互推销要比孟山都进行推广产生的动力更大。现在已经有 1500 万农户使用了转基因技术，对每户农户而言，只要他们能够自己进行选择，都会毫不犹豫地选择生物技术。为什么？因为生物技术有效。

但这并不意味着孟山都就不用面临强烈的反对。社会活动者同样针对转基因食品对孟山都进行猛烈的抨击，这些批评在形形色色的"反孟山都"网站上可见一斑。面对这些猛烈的抨击，孟山都在建立外部协同时使用了我称为"干预对峙"的策略，而非谈判型策略。斯坦利称：

我们的信念是，多种农业方式能够并的确存在，共存（或竞争）的现象，给不同消费者提供了不同的选择。转基因产品为农民创造了另一种选择，如果农作物能够创造经济利益，经济学就会告诉你利益可以通过竞争一环接一环地得到共享。因此，并非所有人都同意引进这一新兴科技。

表6-3总结了孟山都采取的主要策略，我们采用了与联合利华相同的格式进行总结。比较两表，二者的区别就越发明显。来自欧洲的联合利华并没有使用孟山都使用的"高压手段"，联合利华最担心的是消费者对

表6-3   孟山都建立外部协同路线

谈判型（Negotiation）	对峙型（Confrontation）
商议手段（Consultation） 1. 连锁指挥 ——委派"相关"行业人员担任药物局成员 2. 非正式商议 ——未向外界透露	回应手段（Mirroring） 6. 游说（Lobbying） ——通过游说获得美国食品药品管理局（FDA）支持 7. 倡议（Advocacy） ——在欧洲进行广告倡议宣传转基因食品（1997—1998年，由英法代理机构完成）该运动引起了非政府组织和广大民众的愤慨
共识手段（Consensus） 3. 特殊平台（Ad hoc platforms） ——未向外界透露 4. 缓冲（Buffering） ——直接方式：依靠贸易组织：国家生物技术工业组织（National Biotechnology Industry Organization）、美国化学品理事会（American Chemistry Council）（充当成员组织与反对者之间的缓冲） ——间接方式：在组织间建立正式关系，以企业精神为信条，在重要利益相关方面前为企业提供正面代表（慈善基金会、资助研究机构、赞助） 5. 合资企业（Joint Venture） ——与"金砖四国"（BRIC）企业进行合作	高压手段（Power play） 8. 法律手段（Legal actions） ——孟山都与农民珀西·施麦瑟（Percy Schmeiser）就孟山都种子的归属权诉诸法律 9. 竞争压力（Competitive pressure） ——排挤竞争对手：孟山都对杜邦（DuPont）

转基因食品的看法，以及这对公司相关产品组合所产生的影响。而孟山都关注的则是获取政府支持，取得在农产品生产中使用新兴科技的政府许可，这也正是一些跨国企业以及更多规模较小的竞争者推广转基因技术及产品时使用的策略。

谈判型：商议手段

孟山都充分认识到了主要利益相关方的独立地位及其对经济活动的影响。孟山都董事会成员过去有着丰富的经营经验，能够帮助公司更好地认识市场、了解社会环境以及获悉最新的科技成果，这对孟山都的发展至关重要。如表6-4所示，孟山都的管理集体在食品、科技、金融和政治等方面都有涉及。

表6-4 孟山都董事会成员

姓名	职务/公司
Frank V. AtLee III	美国氰胺公司（American Cyanamid）前总裁、前氰胺国际集团（Cyanamid International）董事长
John W. Bachmann	Edward Jones 高级合作伙伴
David L. Chicoine	南达科他州大学校长
Janice L. Fields	美国麦当劳（McDonald's）董事长
Hugh Grant	公司董事长，孟山都总裁及首席执行官
Arthur H. Harper	私募股权公司 GenNx360 管理合伙人
Gwendolyn S. King	Podium Prose 公司总裁
C. Steven McMillan	莎莉集团（Sara Lee）前董事长兼首席执行官
William U. Parfet	MPI Research 公司董事长兼首席执行官
George H. Poste	健康技术网络公司（Health Technology Networks）首席执行官
Robert J. Stevens	洛克希德·马丁公司董事长兼首席执行官

资料来源：孟山都，www. monsanto. com/investors/Pages/archived – annual – reports. aspx，2011年6月2日。

谈判型：共识手段

利用多种行业组织建立的关系，孟山都积极争取1990年由美国FDA引入的科学技术管理制度的支持。国家生物技术工业组织（National Biotechnology Industry Organization）、美国化学品理事会（American Chemistry Council）就在成员公司与反对者之间发挥了很好的缓冲作用，并且在更高、更广范围内游说政府、缓和矛盾。成员企业试图将信息和传播工作外

包以保持公司稳定。BIO 的例子展示了在实际中如何发挥缓冲作用，引人
入胜（见拓展案例 6 – 2）。

拓展案例 6 – 2 缓冲策略实例

　　BIO 是世界最大的生物技术组织，为全球 1200 余家成员企业提供
倡议、商业发展与传播服务。公司宗旨是成为生物技术的领导企业，
无论规模大小，为成员企业提供倡议游说服务。

　　BIO 成员业务范围遍及新型医疗产品、农业、工业及环境生物技
术的研究与发展。公司成员既有刚生产首款产品处于起步阶段的企业，
也有世界 100 强的跨国企业。公司还为国家或地区生物技术协会、工
业及学术中心服务机构提供代理服务。

　　成员服务包括：

· 为产业相关事件进行国家级或州级游说倡议；

· 每年进行十几次投资者与企业商谈会议，成员企业可享受优惠；

· 通过信息部门向公众宣传生物技术的优点；

· 提供一系列商品和服务的优惠折扣。

BIO 简史

　　BIO 建于 1993 年，前身是生物技术企业联盟（Association of Bio-
technology Companies）以及工业生物技术联盟（Industrial Biotechnology
Association）。公司宗旨是让整个行业，无论企业规模大小，都能在
FDA 改革、赔偿政策、国家医疗政策、生物技术公司管理制度、小型
业务暨经济发展事务中联合起来，"用一个声音说话"。

过去12年里，BIO在许多方面取得成效：

·1997年"食品药品管理局现代化方案行动"中，推动了食品药品管理局（FDA）的改革；

·1996年大规模商业化种植以来，生物技术农作物保持每年两位数的增长，截至2006年已有22个国家种植了生物技术粮食，面积达25200万英亩；

·至少40个州建立了生物技术相关的经济发展促进计划；

·美国政府为生物燃料生产制定了理性积极的目标，保证企业持续发展生物燃料的积极性；

·农业生物科技使农业经济成功转型，带来了巨大而广泛的环境效益，改善了土地资源和水资源状况，减少农业生产中的水资源浪费及温室气体排放；

·自1996年发展以来，生物技术作物累计为全球农业生产增收达270亿美元；

·克隆技术可用于保护濒危物种。东南亚两种肉食牛类，爪哇野牛（banteng）和瓜牛（guar）就在保护区不懈的努力下通过克隆的方式繁衍后代，避免了灭绝的命运。

BIO欢迎三个联邦部门对于农业生物技术的管理监督。

资料来源：BIO. www. bio. org，2011年3月22日。

作为整合利益相关方的机制之一，缓冲机构与企业建立紧密的联系，使企业免予处理分散、匿名因而难以控制管理的单个利益相关方。某种程度上，企业与缓冲机构的联系规避了企业外部不确定的风险，让外界影响变得稳定可估。从本质上讲，缓冲策略将在某方面有共同利益的组织联合起来，利用联合的力量，能够规避对企业政策或经营不利的外界影响。

对峙：回应手段策略

20世纪90年代，美国企业纷纷对欧洲转基因农作物审核时间过长表示不满，欧洲对转基因食品的审核不仅慢于世界其他地区，就欧洲自身的审核系统而言也很慢。90年代初，孟山都发起了针对欧洲民众的宣传运动，向欧洲农民和处于饥饿中的人民宣传转基因食品的附加值。1997年，孟山都与英国广告公司百比赫（Bartle Bogle Hegarty）及法国广告公司灵智精实（Euro RSCG）合作，进行广告宣传，减少公众对转基因食品危险性的负面看法。其传达的信息是，传统粮食生产将不能满足日益增长的人口，有机食品价格会十分昂贵。

孟山都的一则广告称："食品科技关乎理念。孟山都望您兼听则明。"另一则称："更多的生物技术粮食，更少的工业生产粮食。"

然而欧洲民众并未很好地采纳这些信息。相反，孟山都指出，广告商提供地球之友（Friends of the Earth）和绿色和平（Greenpeace）等环保组织的热线电话，有意让消费者了解争辩双方的观点。几乎没有批评者注意到这一点。1999 年，孟山都企业传播部门的主管在 BBC 一期电视节目中现身，为公司辩护，但其行为仍招致一片骂声。媒体称其给公众留下"傲慢"的印象，"没好好学习企业危机处理时的行为准则"。

孟山都的例子告诉我们，运用广告倡议策略需要广告代理、公司经理和高管具备过硬的传播技巧。除对宣传对象所在地区的文化和政治环境有全面了解以外，经理们还必须同时与持支持意见和反对意见的相关方进行积极磋商。为避免引起公众诧异，准确引导公众舆论方向，需要企业以近乎军事化的标准进行规划和资源分配。

孟山都传播主管斯坦利称：

> 尽管我们与许多利益相关方进行了对话，但随着几次政府部门因食品安全问题处理不力被问责后，公众对食品安全充满疑惧，这次宣传未能更深入理解公众的这种恐惧，也没能真正认识到公众对于政府处理食品安全问题的不信任。全球食品需求的增长要到 15 年后才现端倪，当时，这一理由被公众认为是产业为转基因技术造势而编造的谎言。

对峙：高压手段

孟山都有过多次庭审经历，许多官司的对手是企业，也有一些是个人。其中，饶有趣味的一次是与一位加拿大农民珀西·施迈瑟（Percy Schmeiser）的官司。1997 年，施迈瑟宣称自己一块田地一部分及其边缘出现了抗农达（Roundup）的油菜，施迈瑟从未使用过孟山都公司的抗农达油菜籽，他将这种现象称为污染所致。施迈瑟将抗农达的油菜进行收割并单独存放。第二年，他种下了去年收获的种子，收获了具有农达抗药性的菜种。施迈瑟 1998 年油菜种植已达 1000 公顷。

1998 年，孟山都以专利侵权罪状告施迈瑟，指控他未经许可种植含有专利基因和细胞的农作物。农作物抽样研究显示，施迈瑟 1998 年的粮食收成中，95% 都含有抗农达基因。法官认为施迈瑟已经明确，或应该明确，自己 1997 年收获、1998 年种植的菜种具有抗农达特性，孟山都专利仍在有效期，施迈瑟的行为已构成侵权。

这一案件一度吸引着公众关注和媒体报道，被描绘成一场力量悬殊的斗争——施迈瑟作为一个普通农民与一家大企业据理力争。前者坚持，使用自己田里的作物是农民的权利，将菜种保留并在来年播种同样如此。最终，加拿大最高法律机构最高法院审理了这一"侵权"与"农民权利"的斗争。

最高法院认为这一案件并非产权争端，而是专利保护，产权并不能为专利侵权进行辩护。法院指出，专利的主要目的是专利持有人避免他人未经许可擅自复制或使用专利成果的权利。最高法院维持原判，认为孟山都的专利合法有效，施迈瑟已经构成侵权。法官并未发现施迈瑟在耕种过程中喷洒农达杀虫剂，最高法院认为，其并未使用专利发明进行非法盈利，不需赔偿经济损失，双方需支付各自的诉讼费用。

然而，双方都认为自己是赢家。孟山都认为，自己赢得了专利权利，而施迈瑟得以荣归故里，几个支持他的社会活动家愿意支付其大部分诉讼费用。孟山都加拿大公共事务主管在回应指责时指出：

> 孟山都加拿大分公司不会，而且永远不会在农民田地里偶然种出抗农达庄稼时就维权，只有当其专利权利受到明确且有意为之的侵犯，孟山都才会采取行动。

故事到这里却远没有结束。2005 年，施迈瑟要求孟山都支付休耕地上"偶然"形成的抗农达油菜转移费用。案件在 2008 年结案，孟山都同意支付 660 美元的油菜转移费用。

孟山都在转基因食品方面还使用过一次高压手段，在 2006 年 8 月 16 日的《纽约时报》中进行了详细报道：

> 孟山都即将收购国内首屈一指的棉花种子公司"三角洲与松兰"（Delta and Pine land Company），这一收购将进一步巩固孟山都在生物技术农作物方面取得的地位。事实上，孟山都

1998 年就计划收购该公司，但第二年又放弃了这一提案，称未
获得联邦政府批准。后者以孟山都未尽全力争取联邦审批为由，
要求孟山都赔偿 20 亿美元的损失费用，此后双方经常发生摩擦。
新收购案将结束这一指控，同时关于孟山都要求撤回"三角洲
与松兰"公司转基因技术使用权的仲裁也将停止，据悉，该公
司用孟山都的转基因技术生产具有抗药性和抗病虫害的棉花。

　　该收购案的发表引发了孟山都与其对手杜邦（DuPont）之间激烈的
竞争。随着消息发布，收购正式进行，双方进行了一系列高压手段，拓展
案例 6 - 3 总结了这些活动。

拓展案例 6 - 3　孟山都与杜邦（DuPont）应用的高压手段

　　2006—2007 年，杜邦欲阻挠孟山都收购全国最大棉花种子公司
"三角洲与松兰"（Delta and Land）未果，杜邦向政府官员投诉，孟山
都收购了这一大型公司，认为这一行为将减少农业部门的自由竞争。

　　2009 年 5 月，孟山都状告杜邦侵犯其专利，杜邦一项高产种子业
务中开发了一款抗杀虫剂的大豆，其中含有两种基因，其中之一是孟
山都开发的。

　　2009 年 6 月，杜邦反诉，状告孟山都违反自由竞争。杜邦认为孟山都
禁止其他公司将其基因与其他基因融合开发新品种的禁令早在 2008 年就失
效了，当时美国司法部要求孟山都放弃对棉花种子的相关禁令。

　　2009 年 8 月 18 日，孟山都总裁致信杜邦总裁，指责杜邦利用第三
方攻击孟山都，其行为"混淆公众视听，已经超出公平竞争行为，严
重违反商业道德"。信中要求杜邦建立一个独立高管组成的委员会，调
查此次事件。

　　孟山都的一位律师称，杜邦的行为，包括向国会伪造信件，传递
错误言论，意图误导政府官员，为其利益集体争取经济支持，侵害了
孟山都权益。

　　2009 年 8 月 28 日，杜邦总裁兼首席执行官致信孟山都总裁，拒绝受
理孟山都所述事件。信中称孟山都的指控"进行了两年，都无功而返"。
杜邦指责孟山都将公众注意力由生物技术产业自由竞争转移开来。

孟山都获得的经验教训

2002 年在布鲁塞尔举行的一次会议上，孟山都公共政策副主席凯特·费雪（Kate Fish）总结了公司在处理欧洲社会职责时与其他组织进行合作取得的经验教训。费雪指出，尽管与利益相关方进行了广泛的交流，孟山都并没有关注公众对于生物技术最关心的问题，如宗教问题（生物工程是否干涉了只有上帝才能涉足的领域?）；健康问题（生物技术食品是否会损害健康?）；跨国企业的影响（这些粮食是否是几个大型跨国公司强加给本国种植的?）；以及信任问题（到底由谁来保证食品安全?）。她总结说，公司不应在了解和处理公共问题和民众观点之前就直接销售产品——尤其是销售那些被认为涉及高新科技的产品。

最终，孟山都使用了一种更接近谈判型的方法，与相关方开展了一轮更系统的密集商谈，对象包括食品公司到绿色和平组织等多个领域。商谈达成的共识手段是：精妙的科技与政府审批已经不足以满足公众知情权，企业需要提高科技信息和企业决策透明度。后者促使孟山都管理层创造了所谓的"孟山都誓言"：

> 孟山都誓言是我们开展业务的指南针，也是我们在这个以农业为经济基础的地球上的行为准则。它将激励我们聆听更多的意见和建议，开展更多有深度的对话，扩展我们的视野，更好地满足社会的需求。

时至今日，孟山都誓言仍然有效，每年有 5—7 支队伍因践行誓言而获得公司的"誓言奖"。

孟山都对缓冲策略的应用还有另一个例子，公司建立了一个外部"生物技术倡议委员会"（Biotechnology Advisory Council），成员来自各个领域对生物技术感兴趣的人，定期召开会议，商讨、建议并帮助公司进行决策。凯特·费雪（Kate Fish）称，孟山都路线图的改变在学术期刊《自然生物技术》的一句话中得到了体现："生物技术的未来最终要依靠政府机构倾听并向公众作出回应，而不是将利益相关方视为不理性、不具备科学知识或存在技术恐惧心理。"

联合利华与孟山都建立外部协同路线图的异同点

大多数情况下，大型公司会运用多种外部协同技巧。选择强硬的手段还是温和的手段并非企业随意选择，而是由企业运营所在市场的性质、与反对者的对峙强度以及领导者对于与外部批评者合法性的看法而决定的。

上述内容反映了联合利华和孟山都所采用路线图的不同之处。联合利华是消费导向的公司，通过遍及世界的零售商网络销售产品；其顾客（零售商）会分散消费者的不满。消费者的负面评论可能殃及公司其他产品，联合利华因此采取了谈判型导向的方式建立与利益相关方的关系。相比而言，孟山都主要在商对商（business - to - business）环境下运营，极少引起消费者关注；消费者的看法直接关系到选民看法，从而不可避免地引起政府注意。

两者方式不同的另一个原因是面对的关键压力群体的对峙强度不同。孟山都的几次对峙都极富争议性，尤其是与非政府组织进行的几次，但外界的指责并没有妨碍孟山都让最重要的相关方——政府及农民相信转基因食品的好处。美国、亚洲及南美国家政府都大力支持转基因食品，虽然政府感兴趣的主要原因是转基因食品的产量能够满足其人民的粮食问题。农民同意则是因为他们享受到了孟山都产品带来的实实在在的经济利益，通过减少杀虫剂用量，农民节约了生产和种子成本，同时还提高了产量。终端消费者的顾虑不在孟山都的思考范围内，采取对峙的方式也是情有可原的。

第三种解释就是这些公司不同的世界观。美国对新兴科技和健康问题的看法与欧洲截然不同。在欧洲，来自非政府组织和其他反对者的压力使得欧洲企业比美国企业更频繁地与这些组织进行对话，而在中国这类对话就更少。孟山都 2002 年的誓言，反映了其世界观的转变，也反映出企业要进行全球经营就要对政府决策者更加敏感，并几乎迫使他尊重来自不同方面的声音。

同时，两者的做法也存在着相同之处。两家企业都选择了同种外部协同关系，都雇用了训练有素、协调一致的专业团队，负责处理企业传播、法律事宜以及政府游说。两企业都使用了缓冲策略。与此同时，根据人们对转基因食品的不同看法，两家公司都可能帮助缓解世界饥荒，但也都为这个理应更为警觉的世界带来了吉凶未卜的"弗兰肯食品"。

表6-5总结了这些主要的管理策略，以及实行这些策略所进行的任务分工。

表6-5 建立外部协同的任务分工

路线图	策略技巧	董事会及企业部门管理	员工支持	营销与销售	企业传播
谈判型	商议手段	委派董事	向董事会提供建议	向董事会提供市场信息	向董事会提供事件、相关方等信息
	共识手段	在缓冲机构中充当连接桥梁	在缓冲机构及平台代表公司	对成员提供市场的信息	企业长期传播活动
对峙型	回应手段	游说演说，采访	演讲，采访	配合营销传播	企业长期传播活动
	高压手段	批准实行高压手段	法律手段，竞争压力	协调公司运营以配合高压手段	企业短期传播活动

注释：

1. P. P. M. A. R. Heugens、F. A. J. van den Bosch、C. B. M. van Riel：《整合利益相关方：建立相互影响的关系》，《商业与社会》2002年第41卷第1期。

2. 世界自然基金会（WWF）全球网站：http：//wwf. panda. org/what_ we_ do/footprint/climate_ carbon_ energy/climate_ change/publications/position_ papers/？173281/WWF - position - on - forests - and - climate - change - mitigation（访问于2011年9月）。

3.《番茄可能对您的健康有害》，《纽约时报》1992年6月16日。

4. 维基百科：http：//en. wikipedia. org/wiki/Luther_ Burbank（访问于2010年1月14日）。

5. J. Tierney：《绿色与饥荒》，《纽约时报》2008年，http：//tierneylab.

blogs. nytimes. com/2008/05/19/greens – and – hunger/？pagemode = print （访问于 2011 年 3 月 23 日）。

6. 《抗农达大豆》，忧思科学家组织网站，"食品与农业板块"，2010 年 1 月 14 日，www. ucsusa. org/food_and_agriculture/science_and_impacts/ impacts_genetic_engineering/roundup – ready – soybeans. html （访问于 2011 年 3 月 23 日）。

7. 《转基因利大于弊》，ScienceAlert. com，2008 年 1 月 24 日，www. sciencealert. com. au/news （访问于 2011 年 3 月 23 日）。

8. 英国国家社会研究中心 （NatCen） 及食品标准署 （Food Standards Agency），英国，2009 年，www. food. gov. uk/news/newsarchive/2009/nov/ gmreport （访问于 2011 年 3 月 23 日）。

9. "脂肪的事实"，网站：www. factsonfats. nl/ （访问于 2010 年 3 月 3 日）。

10. Scott Kilman：《孟山都就生物技术状告杜邦》，《华尔街日报》 2009 年 5 月 6 日。

11. Scott Kilman：《孟山都与杜邦专利之争升温》，《华尔街日报》 2009 年 8 月 19 日。

12. Chuck Neubauer：《孟山都高官指责杜邦欺诈：种子业务巨头指称 其策略破坏自由竞争》，《华盛顿日报》 2009 年 8 月 18 日。

13. Chuck Neubauer：《孟山都、杜邦互批对方违反自由竞争》，《华盛 顿日报》 2009 年 8 月 28 日。

7　外部协同在企业传播支持中的益处

本书将协同定义为"企业与其主要利益相关方为了实现企业目标而建立的互惠关系"。企业经理可以选择重谈判型的路线，或是重对峙的路线。这些路线的实现有两种方式：其一是理性方式（rational approach），企业领导设法使相关者相信该公司的提案利润丰厚，不应拒绝，这是最适合消费者的一种方法。其二是规范方式（normative approach），企业通过展现社会目标来彰显协同力的优势，对于具有不同利益的相关者而言这种方式十分有效。然而，两种方式都需要依靠企业传播来展现和规划协同为双方带来的益处（见图 7-1）。

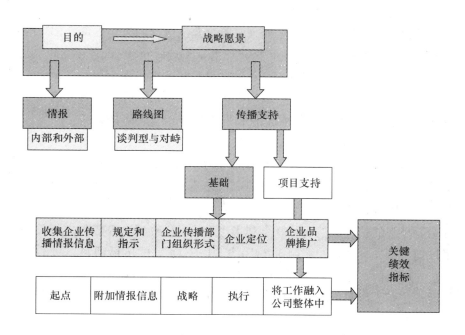

图 7-1　建立外部协同时需要两种企业传播角色

与外部人员进行谈判也同样如此，企业精心准备信息，用以树立企业整体形象，尤其表现并证明企业的合法性，让相关者认识到企业具有对话价值。传播中所介绍的后续经济利益与社会价值让企业更具有吸引力，利益相关方便更愿意参与对话或协同。

类似的，企业传播专家也用对峙方式帮助建立外部协同。即使二者目标一致，对峙也需要更强有力的信息。有时企业会挑战利益相关方的反对行动，表明反对公司的策略并不能带来更好的结果。然而，对峙信息还需结合其他方法以巩固现有的支持，避免同盟者受离间变成反对者。

要策划具有精微差别的传播信息，必须依靠一支训练有素的传播团队，其领导者对企业有着全面深刻的了解，同时富有创造力，专业知识炉火纯青。我之前介绍过有效的企业传播的基本特点，包括建立基础设施、支持项目进行、实现战略目标。在此，我们首先介绍建立这些基础会涉及什么。

除了刚起步的公司会利用公关代理进行传播支持，没有几个公司主管会从头开始构建企业传播职能，大多数新上任的领导都继承了大量传播渠道和公司传统，还有一支训练有素的专业团队。但是，我还是要介绍一下建立基础所需的基石，也就是如果一家企业从头开始进行内部外部传播所需的准备。这里尤其要强调企业定位（corporate positioning）的重要性，当企业要执行一项新政策时，这对建立利益相关方协同十分重要。无论这一新政策是企业并购、产品组合的重大调整还是对外部批评者的回应，如果其指责影响了政府对公司的看法，将会影响经营许可的颁布。

企业不会太频繁地改变基本政策，这也就是为什么企业传播往往按部就班地围绕特定项目的战略目标增加协同关系。比如说，联合利华为自己设定的企业愿景是：每一天，我们都致力于创造更美好的未来。我们以优质产品和服务，使人心情愉悦、神采焕发，享受更加完美的生活。这也是其企业品牌的核心。然而，联合利华也进行其他项目，完成与之相关的附属计划。例如，公司一个始于 2010 年 11 月 15 日的传播项目，目的在于建立外部协同。联合利华计划到 2020 年，将其产品环境足迹减少一半，帮助十亿多人改善健康和生活水平，并保证农产品原材料百分之百来自可持续农业。图 7－2 总结了联合利华十年来"可持续生活计划"（sustainable living plan）。

我们首先来讨论企业传播的基础。

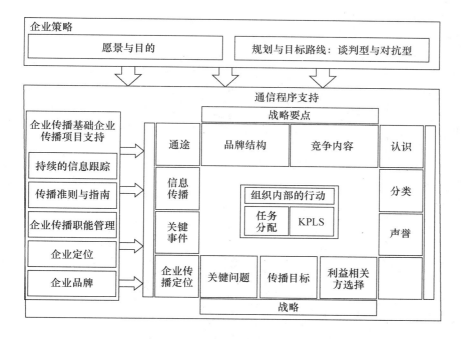

图7-2　两种企业传播角色的详细描述

企业传播基础

　　所有企业传播都有四大基石，四大基石组成的架构中包含一个围绕着具体战略目标而建立的特殊项目的路径。该路径可运用于政府关系、政策制定与投资者关系，以及其他支持性的管理方式以及公司谈判型或对峙策略。这些基础清楚规范了企业处理社会关系项目、赞助、捐赠及媒体关系使用的术语、规定和行为指南，精简化内外部观众提出的耗费时日的特别商议，规范了企业品牌的视觉效果、品牌宣传的实体载体以及情感媒介。最重要的是，坚实的基础有助于企业传播部门打造一个栩栩如生、扣人心弦的品牌故事（corporate story），借此企业可以创造并维护一个积极的形象。

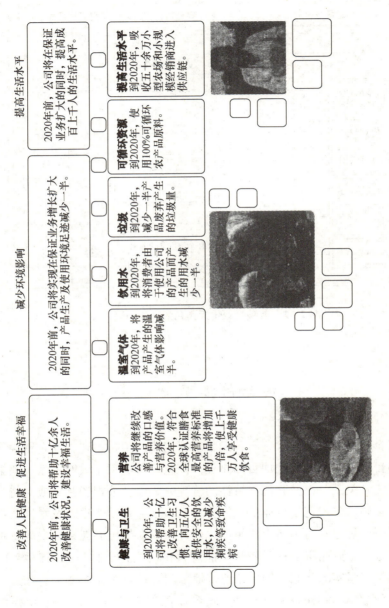

图7-3 联合利华"可持续生活计划"三大目标

改善人民健康 促进生活幸福

2020年前，公司将帮助十亿余人改善健康状况，建设幸福生活。

健康与卫生
到2020年，公司将帮助十亿人改善卫生习惯，向五亿人提供安全的饮用水，以减少痢疾等致命疾病。

营养
公司将继续改善产品的口感与营养价值，符合2020年全球认证营养标准的产品将增加一倍，使上千万人享受健康饮食。

减少环境影响

2020年前，公司将实现在保证业务增长"扩大"的同时，产品生产及使用环境足迹减少一半。

温室气体
到2020年，将产品产生的温室气体影响减半。

饮用水
到2020年，将消费者由于使用产品而产生的用水减少一半。

垃圾
到2020年，减少一半产品废弃产生的垃圾量。

可循环资源
到2020年，使用100%可循环农产品原料。

提高生活水平

2020年前，公司将在保证业务扩大的同时，提高成百上千人的生活水平。

提高生活水平
到2020年，吸收五十余万小型农场和小规模经销商进入供应链。

不断收集企业传播信息

要想掌控利益相关方的要求必须首先理解每个相关者的价值体系及每个利益相关方集体。相关者给出的回应，无论是积极、防御还是被动攻击型［被动攻击（Passive - aggressive），即简单粗暴地忽视所有相反意见］都取决于企业与外部团体的关系以及该事件对于企业战略的敏感程度。了解外部环境的第一步是认清公众舆论的主导趋势，企业还应该从各个层面分析其声誉状况，包括企业在所在行业以及所在国家的相对位置。

我们在第五章讨论过，收集外部信息可以分为三个部分：

（1）系统浏览可能在短期或长期对企业造成威胁，可能使公众对企业产生负面看法的事件；

（2）浏览外部价值和信仰，比如公共舆论的趋势以及声誉的发展；

（3）收集其他与企业建立协同关系相关的信息。

规则与行为指南

无论是语言形式还是视觉表现形式，只要是统一的术语，它的使用规范通常都记录在一本使用手册上。企业生产特定产品或发展传播对象时，必须使用规范的术语。尽管统一本身并不是目的，却能在起步阶段使企业明确规范。

品牌管理、企业社会责任项目与赞助、利用纸媒或广播媒体宣传企业始终如一的品牌规划，这些活动都离不开规范使用手册。例如，品牌价值手册可作为描述企业使命、企业展望和品牌价值的标准指南，指导企业如何在传播中传达品牌价值。这种使用手册大多还描述了企业价值观的意义、独特性以及可信度；企业价值观的定位以及企业各级员工如何践行这些价值观。手册不仅描述了如何表达品牌价值的视觉身份（visual identity），也为企业提供的产品和服务给出了标准。

图 7-4　企业手册样例

组织企业传播职能

　　优秀的传播部门对如何组织协调员工的工作活动了如执掌，也包括企业主管以及负责日常业务的经理的工作。最适合传播部门并为之实际采用的形式取决于所在公司的类型。某些行业天然地没有其他行业受外部干扰的影响大，全球最大的曲别针生产商可能永远也不会引起绿色和平组织的注意。但是，对于航空公司、银行和石油公司，外部干扰是家常便饭，迫使他们不得不组织相应的企业传播。

　　企业传播部门不存在一个理想的标准模式，传播团队的作用、技巧以及执行的任务完全取决于企业类型和企业所采取的策略。但是，要想成功建立企业传播，经理需要具有以下基本素质：

　　·传播（communication）能力，包括获取信息的能力，评论、编辑、写作的能力和良好的口才；

　　·商业（business）能力，包括对内外部顾客、产品及市场的理解能力；

　　·领导（leadership）能力，包括商业复杂性的知识及与部门主管、经理进行战略合作的能力；

　　·情境认知（context - awareness）能力，包括熟悉企业环境以及相关法律、法规、政策要求的知识；

·整合利益相关方（stakeholder – integration）能力，或者说是建立公共信任、强化企业声誉的能力；

·销售支持（sales – support）能力，或者说是能够整合多种媒体渠道，协助改善产品、服务和组织。

企业传播要顺利进行，最终还要依靠部门人员的能力。同等重要甚至更重要的是高级主管是否尊重、信任人才的能力，使传播部门发挥出最大效用，允许专业人员更好地完成工作。

企 业 定 位

为公司所有传播活动（包括经理发挥的传播作用）打下明确坚实的基础有助于提高公司内在与外在信息的一致性。信息的一致性避免了碎片化，使消费者更容易辨认、预测公司形象。依我所见，进行企业定位（corporate positioning），首先要设计品牌故事（corporate story），介绍企业形象特点及其战略政策。品牌故事是企业传播的关键和核心，不同的传播媒体有不同的版本，足以适应纸质媒体、广告、网络、广播及口口相传等不同传播环境。一旦明确了品牌故事，企业品牌（corporate branding）就可以围绕以下三方面进行决策：企业品牌的视觉媒介（visual carrier）、情感媒介（emotional carrier）和理性媒介（rational carrier）。

品牌故事向企业相关者系统介绍企业核心，增强企业与员工之间的联系，使企业独树一帜、特征鲜明，建立了企业传播的框架。企业信息要想广泛传播，完整声明或长篇大论并不必要，而故事短小精悍，令人信服，不仅企业员工能够津津乐道，广告商及顾问等外部人员也耳熟能详。理想的企业故事以企业特性为基础，用故事的方式穿针引线、引人入胜。这些企业特性还应与理想的企业形象相结合，当然，还要加上外界对企业的预期和评价。

企业故事的设计有多种叙事结构（narrative structure）可供选择。其中理性的方式是将事件按照"3A"模型进行叙述，"3A"即活动（activities）、成就（accomplishment）和能力（abilities）。运用这种结构，故事应首先介绍企业核心活动，包括主要业务、所在行业、产品组合以及企业地区级、国家级、世界级的业务规模。其次，要介绍企业取得的成就，如列举市场份额数据、消费者满意度、声誉以及投资回报率。在第三部分，故事应介绍企业实现一系列目标的能力。企业故事的构思离不开主要内部管理者的大量商讨，图7-5介绍的西班牙对外银行（BBVA），就是这方面的典范。

西班牙对外银行（BBVA）是一家跨国集团，为个人及企业客户提供最全面的金融与非金融产品和服务。西班牙对外银行的历史可追溯到一百五十多年前，是西班牙银行业的领军企业。分支银行不仅是南美的行业佼佼者，也是墨西哥最大的金融机构、美国十五大商业银行之一，同时还是仅有的几家在中国和土耳其设置国际支行的大型跨国集团之一。银行业务遍及全球30多个国家，员工达10.4万人，客户超过4700万人，利益相关方更是达到90万人。西班牙对外银行近日采取了一种脱胎于企业故事的新型企业定位，目的在于增强企业与员工的关系。故事内容可以概括为以下要点：顾客是企业的业务核心；在商务活动中为相关者创造价值；团队合作是创造价值的关键；采用激发员工积极性的管理风格；道德行为、个人品行与职业道德是理解和践行业务的基准；创新是企业前进的动力；企业社会责任是企业发展的内在组成部分。

图7-5 西班牙对外银行企业故事视觉工作室

有些问题能帮助我们更清楚地理解"3A"结构第三部分。比如，为什么采取一定的工作方式就能取得成效？企业采用与竞争对手不同的运营方式，到底能发挥多大作用？企业的持续发展是由什么决定的？能将企业过去的辉煌与未来联系起来的最重要最持久的要素是什么？荷兰能源企业

Eneco 很好地回答了这些问题（见图 7 – 6）。依照 3A "模型"，Eneco 设计出了自己的品牌故事（见拓展案例 7 – 1）。

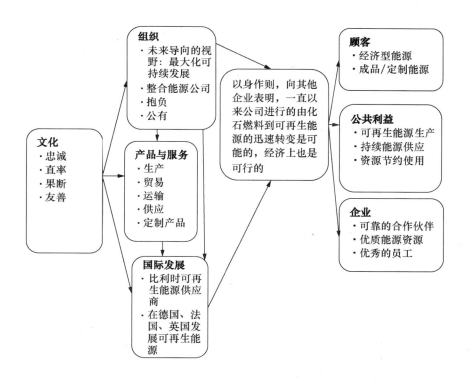

图 7 – 6   Eneco "3A" 模型品牌故事

拓展案例 7 – 1   Eneco 品牌故事

为世界提供可再生能源

愿景：未来是属于可再生能源的

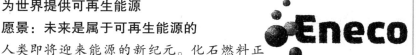

人类即将迎来能源的新纪元。化石燃料正在枯竭，越来越多的石油和煤炭需求使我们越来越依赖非欧洲国家，甚至是那些政治动荡的国家。全球变暖更进一步驱使我们为下一代寻找清洁环保的能源。可再生能源的出现，保证了未来永续的能源供应，具有经济效益、社会效益和环境效益。

目标：在全球推广使用可再生能源

Eneco 是一家可再生能源企业。公司核心工作是生产和供应可再生能源，设计可再生能源解决方案。Eneco 是欧洲最清洁的能源公司之一，也将把这一称号继续保持下去。企业目标是：在全球推广使用可再生能源。为实现这一目标，无论是消费者、股东、员工、合作伙伴、政府官员还是普通市民，Eneco 都竭诚向他们提供可靠、经济、清洁的能源，他们的后代也将享受到清洁的能源。公司员工的工作热情来自于对与人类息息相关的地球的热爱，同时也因为可再生能源能够创造最大的经济效益。

策略：供应发电解决方案

Eneco 只供应可再生能源，没有煤电厂或核电厂。规模经济和产能独立为公司打下良好基础，使公司具有必要的决断权和灵活性，这对于促进进一步发展、及时抓住机会先发制人是十分重要的。Eneco 企业文化的核心是忠诚、直率、果断。各部门彼此合作、相互影响，从供应、创造和解决方案三方面满足客户需求：

· Eneco 承诺为客户提供每日生活生产所需的能源。

· Eneco 自担风险，在荷兰、德国、比利时、法国和英国投资能源资源，既保证投资回报，又坚持使用清洁能源。

· 利用专业人员和生产经验解决全球能源问题、地区能源生产以及在楼房中安装设备等问题。Eneco 着眼于未来，也从未忘记历史，并为自己荷兰独立公司的地位而自豪。公司首个燃气厂于 1827 年建在鹿特丹，由那时以来，发展由小及大，逐渐成长为业务遍及荷兰 60 座城市的大企业，为超过两百万个人或企业供应能源。

供应

Eneco 集团是一家效益良好的能源供应贸易公司。每天，客户依赖着集团的能源供应，Eneco 的责任则是为客户供应更加清洁的能源以回馈他们的信任。Eneco 坚持价格公道，发票清楚易读，并且早已与客户达成共识手段，将这一切视为理所应当。Eneco 竭尽所能规划供应程序和供应系统，以免其影响客户正常生活，并且呼吁客户能够尽可能高效地利用清洁能源。

发电

为实现公司目标，Eneco 投重资发展清洁能源发电，利用临海风力、地热能、太阳能、生物能以及水力发电。选择天然气与可再生能源并用的道路，灵活利用天然气这种最清洁的化石原料，在风力或太阳能不充足的情况下维持持续供能。平时储存天然气，避免天然气价格波动对公司造成大规模影响。公司对可再生能源的投资既有独立投资的也有同其他企业合资进行的。除了建立新厂，公司也进行收购。除了荷兰，Eneco 在德国、英国、法国和比利时都有生产基地，这种国际多样性不仅积累了新能源生产的经验，也帮助公司分散了风险。

解决方案

企业和消费者越来越多地通过他们自己的地热能、沼气、高效电气炉、热泵、太阳能电池板、风力涡轮机等多种方式发电。Eneco 将其与电力输送等技术创新结合到一起，使能源供应越来越依赖众人的合力：今天享受风力发电的人也许是我们的客户，而明天我们或其邻居就可能成为他们太阳能发电的客户。

Eneco 积极寻求这种合作并保证能够灵活持续地供应清洁经济的能源。这不仅需要在发电和节约成本方面高水平的专业能力和因地制宜的实际应用，也需要高级顾问和专业的技术人员。为了实现内部外部这种相互影响的合作，公司愿意将多年发展积累的知识与经验与大家分享。

一切为了可持续发展：忠诚、直率、果断

能源虽然看不见摸不着，却是生活中必不可少的元素。通过可再生能源及天然气发电与社区建立实际联系也许很难，但是 Eneco 具有贴近生活、与众不同的优势；公司言出必行，注重内在。作为一家"接地气"的荷兰公司，Eneco 的任务只有一个：为全世界提供可再生能源。公司的社区工作孕育了这种观点，这一观念又反过来激励着Eneco 争取社区合作。

这就是企业健康运行的基础。在公司从不放弃人文关怀、鼓励合作的领导下，员工们每天都在为实现企业目标而努力。他们是公司成功的基石。员工为企业而感到自豪——Eneco 也为它的员工感到骄傲。员工的一言一行反映着公司忠诚、直率、果断的企业精神。

世界能源产业瞬息万变。过去，几家能源生产商垄断着行业，通过数量较生产商略多的分销商将电力和煤气供应给上百万用户。但这种方式已成为历史，未来的发展方向与之截然不同。如今，可再生能源已经可以实现分散化生产。Eneco 首席执行官 Jeroen de Haas 认为：

> 能源产业将面临全面重组，从生产环节、运输环节到客户服务等各方面都将焕然一新。生产将不再是有限的几家制造商集团垄断的局面，城市、企业乃至家庭都可以生产能源。当然，这对能源企业的作用和角色也有相当大的影响，能源生产企业将逐渐转型，不再是单一的能源生产商或分销商，而是充当桥梁和纽带。换句话来说，就是为节能环保提供建议、鼓励他人实现能源自产。这需要将原有的大规模集中生产向小规模分散经营转变，并且将促使未来的能源企业成为能源的分配者，而非单纯的生产者或供销商。

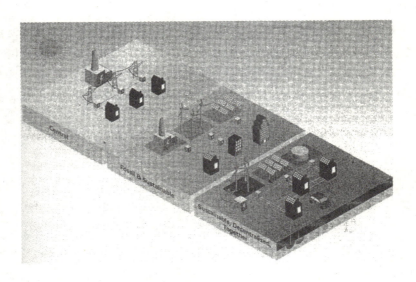

图 7-7　Eneco：产业转型

构建感人品牌故事的另一种方法是所谓的"史诗结构"（epos narrative structure）。Epos 在希腊语中有"史诗"的含义，意为以最庄严的口吻叙述英雄故事。事实上，在每一篇英雄传奇故事中，几乎都能找到图 7-8 所示的八个步骤。

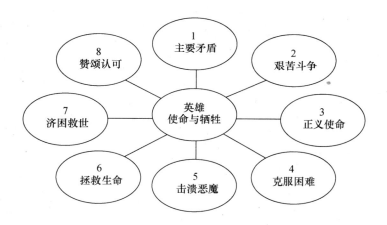

图 7 – 8 英雄故事的八大基石

在一篇标准的英雄史诗中，一位年轻男子（在越来越多故事中，这一角色由女性担任，首屈一指的是神奇女侠，还有吸血鬼猎人巴菲等其他女英雄）获得了神奇的能力，成为保家卫国的英雄。现实生活中，纳尔逊·曼德拉（Nelson Mandela）的人生可谓是这一结构的典范。曼德拉聪慧过人，富有领袖气质，终结了南非的种族歧视现象，但他本人也经历了艰苦卓绝的斗争，在荒无人迹的罗得岛度过了长达 27 年的牢狱生活。曼德拉为正义而战，坚决反对种族隔离，反抗南非少数白人控制的支持种族隔离的政府。出狱后，他带领着南非人民建设取消种族隔离后的新国家，不仅为南非黑人带来希望，也为全世界成百上千万受苦受难的人民带来了福祉。曼德拉享受的荣誉并非万贯家产或其他物质财富，而是世界人民的永久的爱戴尊敬。

这种史诗结构在世界很多文化中都屡见不鲜，从荷马的奥德赛（Od-yssey）到撒克逊人的贝奥武夫（Beowulf），甚至在印度、非洲、南美的历史、神话和真实人物故事传奇中都能发现这种叙事风格。英雄故事的主要内容可应用于公司品牌故事中，尽管叙述语言略有不同，但过程和结构却如出一辙。如果企业选择以这种方式进行品牌故事设计，就要特别注意史诗结构的三大要素。

图 7 - 9 加利福尼亚州帕罗奥图市的车库

首先，人们很容易同一个或一群拥有理想并历尽千辛万苦实现了这个理想的人产生情感共鸣。许多品牌故事十分适合这种史诗结构，当故事描绘企业起步阶段的历史时，这种结构更是有效。事实上，加利福尼亚州帕罗奥图市阿迪森大街上的小车库并不仅仅是一个标志性的建筑。20 世纪 30 年代，正是在这里，戴维·帕卡德（Dave Packard）和威廉·休利特（William Hewlett）生产了他们的第一件产品——一个声频振荡器。随后，两人开创了惠普公司，真正开始了硅谷的历史。他们的故事正是白手起家的史诗典范。

运用史诗结构，企业要记住的第二个经验，是把业务描绘成为正义使命而抗争。尽管很难想象企业能做什么与曼德拉的人生成就相提并论的丰功伟绩，许多企业和倡议组织还是做了很多好事。对制药公司而言，为发展中国家生产药剂治病救人就是个感人的好故事。在没有政府补贴的情况下，首家制成耐用经济的窄型胶片太阳能材料的公司，克服重重困难，突破数十年科技壁垒，以更低成本发电，这对其利益相关方而言更是一个非同凡响的好故事。

运用史诗结构设计品牌故事的第三个经验，是企业获得的荣誉要依靠事实为支撑。实事求是、恪守伦理道德对企业而言十分重要，对于史诗结

构的品牌故事更是关键。企业如果选择这种方式为自己做代言，必须将其
声誉建立在崇高的内部行为和价值观之上。公司贪得无厌、品行不端的行
为一旦曝光，故事中标榜的形象就会显得虚伪，企业声誉受到的影响要比
不使用史诗结构还要严重。举个例子来说，只要其主管仍旧收取与工作业
绩无关的巨额奖金，华尔街的金融机构就永远也不应该用史诗结构来讲述
品牌故事。

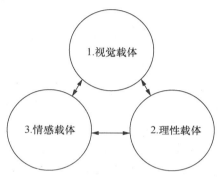

图7-10　企业品牌营销的三大基石

　　滥用史诗结构的另一个绝佳案例就是埃森哲和老虎·伍兹（Tiger
Woods）的关系。对咨询机构埃森哲的正面宣传与高尔夫球手伍兹英雄式的
场上表现相得益彰，几年中都取得了良好的宣传效果。然而，2009年伍兹
的个人越轨行为曝光后，其模范先生、循规蹈矩的禁欲者形象一朝崩塌，
埃森哲史诗结构构建的品牌形象也荡然无存。尽管此后埃森哲结束了与伍
兹的合作关系，但其通过巨额广告和赞助宣传树立的形象一直暗淡无光。

企业品牌营销

　　除建立包括简明规范、媒体联系、赞助支持和纵览全局的品牌故事等
在内的企业传播基础之外，企业定位最后的关键一步就是描述企业品牌营
销的主要内容。品牌营销可以定义为"企业进行的一系列在内外利益相
关方面前建立良好联系、树立正面形象的行为"。这些行为可分为三种：
通过视觉形象表现企业品牌的活动，或称"视觉载体"（visual carrier）；
企业品牌代表的公司承诺或证明，或称"理性载体"（rational carrier）；

企业品牌激发的情感或心理映射，或称"情感载体"（emotional carrier）。

视觉载体

品牌营销的关键问题是何时使用品牌，以及如何避免消费者关注到品牌背后的母公司。有些企业名称与其最著名的产品名称相同，比如喜力（Heineken）和西门子（Siemens）；而另一些企业名称与公司任何项目或产品名称都没有关系，比如，宝洁公司（Protector & Gamble）有100多个品牌，其中，22个品牌年利润超过10亿美元，很多品牌比宝洁公司本身更有名。在全球，有多种不同方法来解决企业品牌中的产品组合问题。

亚洲和美国的大多数公司品牌和企业定名取决于掌权的一方。通用电气（General Electric）就是一例，该公司将GE这一名称应用于所有的业务。但在欧洲的企业并购中，将本公司名称强加于被收购公司的所有跨国业务却进行得十分谨慎，有时甚至过于谨慎。虽然各大洲常有例外，但总体而言，单一式命名方式还是居于主导地位。

企业要进行品牌组合决策时，有两个问题必须回答。第一，统一的品牌政策是否在逻辑上和经济上更有吸引力？第二，企业如何使内部人员相信单一名称的方式能创造最高价值？这些问题的答案错综复杂，但一般来说，如果市场调查显示企业名称比个别产品名称更为消费者熟知和喜爱，强调企业名称能够增加品牌价值。

实行统一品牌政策，市场调查固然重要，获得内部支持也同样重要。内部支持，尤其是内部正面支持，可以通过改变公司决策体系来达成——统一企业品牌只有当企业使用中央决策模式时才能实现。但是，即使市场调查显示使用荷兰国际集团（ING）这一品牌名称能够增加经济价值，企业也需严肃对待，让员工相信使用统一的品牌名称可以增加企业价值。

理性载体

改变企业品牌的视觉表现会给经理和员工带来深层次的情感影响。令人奇怪的是，企业如果用理性载体来定义企业品牌，反而很少出现这种现象。企业品牌的理性载体是企业做出的重要承诺，并通过企业实际行动来证明这些承诺。

当年，诺基亚（Nokia）提出要成为世界移动设备的领导者，促进不断融合的互联网产业的转型与发展，它需要为这一宣言进行证明，说明如何通过融合移动设备与计算机网络能够为消费者提供更丰富的产品服务。诺基亚之所以提出这一目标，一部分是因为该公司具有一流的研究中心，这一中心正在研制一种能自动记录运动员训练中的速度、距离和时间等项目的运动监测器；另一部分则是因为诺基亚的 Booklet 3G 笔记本电脑，这一设备介于手机和个人电脑之间，能够实现在任何时间和几乎任何地点进行联络传播。

许多企业都在为企业品牌选择相应的理性载体，比如务实创新、以顾客为中心、提供国际化服务、承担社会和环境责任。这些载体看似大同小异，空喊口号，企业却通过在特定环境中强调某一方面来彰显自身的独特性。布朗（Brown）与达信（Dacin）二人将企业品牌中的核心形象划分为能力（ability）和责任（responsibility）两种类型。1997 年，二人在其具有突破性的研究和论文中证实，能力因素要比责任因素更容易获得外部相关者的支持。

这是否说明在品牌营销中，强调社会责任的企业从根本上就犯错了呢？我对此不敢苟同。责任因素唯一存在的问题就是，全世界的研究机构都没有找到任何确切证据证明责任因素与利益相关方的支持具有直接因果关系。Orlitzky 等的研究证明，二者之间具有间接的因果关系，他们在研究中称，责任因素能影响内部学习机制，管理者通过企业社会责任项目和声誉管理学到了新知识。责任因素对企业有着间接的积极影响，因此，最好的选择就是将能力和责任两种因素结合。

最后，品牌的理性载体应该取决于企业选择的品牌结构，即"产品导向型"（product – dominated）还是"企业导向型"（organization – dominated）。嘉士伯（Carlsberg）是典型的产品导向型结构，而通用电气（General Electric）则是典型的企业导向型结构。企业导向型结构更容易加入附属产业，比如通用电气公司旗下的产品，塑料制品、飞机引擎、交通及金融服务都可以使用一个相同的品牌名称。但这种情况对于嘉士伯这样的产品品牌就没有这么容易，虽然嘉士伯可以只用于其他啤酒产品品牌，但保持品牌特点，让人清楚辨识却也有其好处。确定品牌的理性载体

拓展案例 7-2 荷兰国际集团（ING）的视觉载体

直到最近，ING 都是一家多品牌企业，所有的独立品牌都全权负责自身的业务运营。经过多次并购，公司已经具有 47 个不同的产品组合。虽然公司起初想要建立一个母公司品牌薄弱、偏重子品牌的企业，但却受到诸多压力，不得不改变原有的多品牌政策。随着公司对巴林银行（Barings Bank）的收购，企业名称 ING 得到了全球越来越多的认可熟悉。公司面临的抉择是：是否让 47 个品牌使用单一企业名称？如果是的话，这一政策又要以怎样的速度进行？许多小品牌愿意利用母公司的知名度在本国获取竞争优势。研究表明，在子公司中使用单一企业品牌，ING 将获得更多认可。ING 开始了一系列内部活动，增强企业部门的趋同性，在资产管理、企业融资、连锁银行以及金融保险四个产业部门使用中央决策方式。公司还在内部进行宣传运动，提高对 ING 品牌价值的支持，并与外部宣传运动相结合，提高 ING 及其品牌价值的认可。企业传播定义并明确了这些品牌价值。与此同时，管理部门就向 ING 的转型与 47 个子品牌进行谈判。这一过程并非一蹴而就。子品牌需要提供证据，证明其本地市场份额正在下降，并入 ING 品牌能够使其恢复份额，增加品牌价值。

需要将能力与责任的选择和产品导向与企业导向的选择相结合，图 7-11 用矩阵形象地反映了这一问题。

	产品导向	企业导向
能力		
责任		

图 7-11 企业品牌营销理性载体的决策

情感载体

传播不仅仅要传递事实，更要引起观众的情感共鸣，不仅对于企业如此，对于小说或电影也是如此。美国许多企业精通此道，它们运用英雄史诗的基本原则，意在激发消费者的内在情感，将其与企业形象联系在一起。埃森哲使用老虎·伍兹（Tiger Woods）为代言人就引起了轩然大波，尽管从理论角度讲，高尔夫球手走下神坛并不应该削弱埃森哲通过广告传递出的充满智慧与情感的形象。

企业传播项目支持的具体战略目标

有了明确的传播架构作为基础，企业的传播项目就可以围绕具体的战略目标展开了。企业传播部门主管的任务可分为五步骤：

1. 明确企业传播项目起点；
2. 收集相关信息；
3. 设计具体的传播战略规划；
4. 实施传播行动；
5. 将传播行动在整个公司进行推广。

图 7 - 12 将这 5 个步骤分成了 15 个决策，看上去就像"大富翁"游戏。简言之，这就是一个声誉管理的企业规划（RMI 规划）。

第一阶段：起点

要将这一项目作为企业宏观战略的延伸来执行，就必须使其与企业整体品牌战略（Overall Corporate Branding Strategy）相协调。该过程涉及的第一个问题就是企业应该从哪里开始进行这一项目，才能符合其整体品牌承诺？哪种品牌结构在企业中占据主导地位，是单一式、品牌式，还是代言式？第二步就是确定最主要的竞争对手，分析对手的长处，并将其与本公司进行比较。

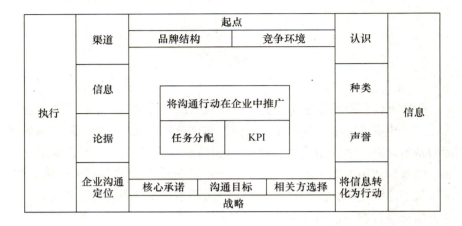

图 7 - 12　声誉管理执行计划

第二阶段：收集相关信息

在这一阶段，传播首先关注的是外部对企业的整体认识（aware-ness），以及传播项目的具体战略目标。同样重要的还有企业高层对公司的品牌知名度（Top - of - Mind Awareness，ToMA）以及企业进行的具体工作活动。与此同时，如果有其他公司开展了类似的项目，企业还要了解其他企业与外部相关者的熟悉程度。

其次要关注的是企业所处的行业部门中重要利益相关方之间的亲密程度。到了第三步，就要充分利用现有的有关企业声誉的知识。比如，企业总体声誉水平如何？企业声誉与其主要竞争对手相比如何？什么因素最能影响关键利益相关方对企业的印象及其采取的行动？根据具体项目具体目标的不同，所需的相关信息也就有所变化。

收集完信息，企业就可以利用以下架构进行分析，得出结论：

·企业有哪些主要利益相关方？它们对企业是否有足够的了解？

·企业是否满意现在的行业定位？

·通过现有的信息，可以看出企业在公众心目中有着怎样的形象？

·企业的量化数据表现如何？哪些方面最容易影响企业声誉和外部支持？这些方面对具体战略目标的实现又有怎样的影响？

第三阶段：企业具体项目的传播战略

解决了第二阶段的问题，管理人员就可以着手实施传播战略了，第一步就是选取传播项目所关注的主要利益相关方（key stakeholder）。下列问题可以帮助企业确定这些人选：

表 7－1　　　　　　　　　　　第二阶段：收集相关信息

	本企业	国内同行业前三甲		
		行业第一	行业第二	行业第三
熟悉程度（高/中/低）	高	高	中	中
声誉（好/中等/差）	中等	好	好	差
行业匹配度（高/中/低）	高	高	中	中
改变声誉的主要因素	·优质产品 ·物有所值	·品牌导向 ·满足顾客需求	·物有所值 ·因势而变	·满足顾客需求 ·社会积极影响
改变声誉的障碍	·面向市场 ·开放透明	·开放透明 ·属于新兴创新企业	·交易公平 ·满足顾客需求	·企业组织良好和谐 ·物有所值
改变行为的主要因素	·优质产品 ·物有所值	·满足顾客需求 ·企业盈利	·因势而变 ·注重扩大规模	·有正义的企业目标 ·满足顾客需求
改变行为的主要障碍	·开放透明 ·社会积极影响	·开放透明 ·属于新兴创新企业	·恪守道德 ·开放透明	·优秀的管理人员 ·物有所值

·与哪些相关者建立关系最为重要？

·相关方对企业的认识、了解程度有多少？在他们看来，自身利益与企业目标有多大矛盾冲突？

·相关方对企业的影响有多大？

下一步就是确定在战略规划过程中优先实现的传播目标（communication objectives）。增进了解、改变态度、改变行为，企业到底应该最重视哪一项？

传播部门主管要进行的第四个关键步骤就是确定项目主要承诺（key promise）。大多数情况下，这一任务包括企业计划，以及企业能够从中获得的集体利益。

表 7 – 2 第三阶段：企业具体项目的传播策略

五大行动关键	传播目标		
	建立认识/了解	树立积极心态	行为（购买、口头支持等）
面向市场	√		
物有所值		√	√
优质产品		√	√
开放透明	√		
社会积极影响	√	√	

第四阶段：执行

要实行目的明确的企业传播项目，首先要在以下四种项目定位策略中选择一种：

1. 强调核心任务的可完成性：我们能做。

2. 强调核心任务的独特性：只有我们能做。

3. 强调核心任务的重要性：这项产品不可或缺。

4. 强调企业与竞争对手的不同之处以打击对手：我们能做得更好。

执行阶段的第二步是运用实例和数据为企业任务提供佐证。寻找这些佐证，就要在公司内外寻找能证明企业任务的生动性与现实性的事实和数据，俗称"精细活"（pearl projects）。联合利华的例子很好地体现了这一内容（见图 7 – 13）。

第三步要更加关注企业信息的深层次含义。在此，企业需要对以下问题进行决断：

· 强调企业为达成战略目标进行的核心活动，主要介绍事实和数据，比如：多芬香皂清洁效果绝佳。

· 强调企业行动能够为个人带来的利益（individual benefits），比如：通过语言评价提高使用多芬香皂的女性自尊："您感觉起来棒极了！"

· 强调企业行动能够为全社会带来的整体利益，比如提高社会全体女性的自尊，从而改善整个社会的心态。

执行阶段所做的最后一个决策是决定采用何种渠道。企业的每次传播都传递了一组信息，每条信息都以几条简单易懂的实证为基础。虽然针对不同团体的信息总体是一致的，但是侧重点却可以千差万别。

图 7 – 13   四种定位策略

表 7 – 3	联合利华"珍珠任务"

每一天，我们都致力于创造更好的未来

我们的优质产品和服务，使人心情愉悦、神采焕发，享受更加完美生活，满足您每日营养、卫生和个人护理需求。

	业务表现中的"珍珠任务"
产品与服务	多芬（Dove）项目：提高女性自尊
创新	Becel[①]：降低胆固醇指标
职场	企业员工遍及全球
管理	开放管理
公民权利	减少二氧化碳足迹
领导	在发展中国家领导建立可持续生产模式
业绩	达到两位数增长

① Becel 是联合利华的一个人造黄油品牌。——译者注

表7-4 第四阶段：执行

传播主题 （五大关键要素）	核心行动	为相关者个人 带来的益处	为社会总体 带来的益处
面向市场	√		
物有所值		√	
优质产品	√		
开放透明	√		
社会积极影响			√

尽管如此，企业传递的信息必须真实可信，并不仅仅因为这是企业传播的原则，也因为社会上对企业透明度的要求日益提高。如今，开放透明对于赢得信任十分重要，特别在网络时代，Twitter和其他社交媒体能够在几分钟之内把事件真相传播给全世界，它们在建立协同关系方面的作用越来越大。社交媒体另一个饶有趣味的特征就是不存在等级之分，也就是没有一个"守门"的编辑。理论上说，每个人都可以自愿参与讨论，这既是社交媒体的优点，也是它的劣势。但是，如果传统媒体与社交媒体在某一观点达成一致，就会在短期形成强大的受众。

社交媒体的技术和文化构成了有史以来对企业传播最大的干扰冲击。那些处于所谓的企业"边缘"的、来自市场营销、产品发展或其他部门的非专业传播人员可以通过Facebook、Twitter等社交媒体与外界交流。社交媒体的本质决定了其交流语言往往十分直白。更糟的是，匆忙中不经思考写下的只言片语、手机摄像头记录下的事故镜头都有可能泄露到网上并被广泛传播，在You Tube上搜索人气直线飙升。

社交媒体看似一个不受企业传播者及高管控制的"恶魔"，但是，大多数企业都积极鼓励在公司内外使用社交媒体，并从中获益匪浅。企业传播部门如今专门设置了一个分支在Twitter上发表企业发展现状，开通企业、产品或服务的Facebook主页，邀请愿意对话的内外利益相关方参与讨论。

戴尔（Dell）公司就成功利用了社交媒体为其牟利。戴尔曾一度因售后服务难以获得、质量差而饱受诟病，针对这一问题，公司与服务批评者进行了双向对话。戴尔甚至开通了一个网站——IdeaStorm。在网站上，消费者可以对未来产品特性进行投票，并直接同戴尔员工进行互动。2009

年12月，戴尔在网站上添加了"头脑风暴"板块（Storm Sessions），公司在这一块提出具体话题，限时向消费者征集意见，以保证讨论切实针对某一话题。3年中，IdeaStorm网站产生了近万条创意，其中有400条在戴尔公司付诸实践。

第五阶段：将传播项目在全公司推广

在声誉管理项目（RMI）的最后阶段，企业有两点要特别注意。首先，为实现传播目的，必须明确实施过程中的分工（见表7-5）。虽然大部分工作由传播专业人士完成，但也有一些工作，需要总部或分公司的一线高级管理者参与才能更有效率。

表7-5　　　　　　　　　　　　任务分工

项目分工	核心任务	
	执行	
	内部	外部
首席执行官		
高级主管		
企业传播经理		
企业传播部门		
投资关系		
媒体关系		
分公司经理		
人力资源经理		
信息技术		
金融		
市场营销		
其他……		

企业要进行的最后一步是明确评价标准，评价标准应通过定量方式表现项目目标实现或未实现的情况。对于围绕具体战略目标进行的传播活动而言，收集反馈信息有助于企业进行下一步传播计划。项目主管应该持续关注相关企业事件数据和企业声誉数据，以确定项目成功或失利的指标；同时，他们还应关注相关企业传播数据。在执行阶段，对传播项目所做的评价有助于项目监督做出改进建议。这不仅增强了企业传播的作用，还因

为企业中人人明确自身工作，提高了工作效率，从而节约了企业成本。

企业不同路线产生不同的项目支持

　　一般来说，企业传播主管都需要通过前文介绍的五个步骤来获取其负责的项目支持。然而，企业有谈判型为主或对峙为主两种不同的路线可供选择，选择不同，项目支持的侧重点也就相应有所不同（见表7-6）。采用以谈判型为中心的路线，企业传播主管需要向高层管理者提供相关信息，尤其是外界对企业的看法观点。同时，传播者还应留意能够胜任该阶段的发言人的人选，而且最重要的是要认识到哪些人不适合做这一发言人。传播主管的另一重要作用是随时调整项目信息使之适应整个企业定位，当企业出现危机时更要因势而变。

表7-6　　　　　　　　　企业传播在谈判路线中的作用

相关信息	定位	执行	评估与适应
利用专业部门的信息	企业总体任务是什么？	在多大程度上会议是公开的？哪些人将出席会议？	
若相关问题不能由公司单一部门解决而是会影响公司整体效益时，这些信息对企业传播就显得尤为重要	企业在具体项目中的目标规划是什么？企业总体任务与其项目承诺有什么逻辑关系？如果选择以达成共识手段为目的的谈判型方式，企业有多少空间得以施展？	企业将在何时公布会议的召开？企业发言人是谁？会上将共享哪些以文字形式出现的内容？哪些内容只限于私下交流或在一对一传播时交流？	何时进行传播过程的评估？由谁评估？评估标准是什么？
研究具体利益相关方具体问题扫描	缓冲机构在评论项目目标时有多大的自由度？	参与缓冲及合资企业的具体规定是什么？缓冲机构何时介入、合资企业何时创办、二者又将何时结束使命？	

　　对峙型路线的企业，企业传播者的工作与谈判型企业类似，但也略有不同（见表7-7）。企业如果使用高压手段，传播者的工作差异就更大，需要与法律部门建立紧密的联系。企业若用法律方式应对可能成为反对方的利益相关方，应与法律部门随时沟通以预测该反对方可能的下一步行动。

表7-7   企业传播在对峙路线中的作用

相关信息	定位	执行	评估与适应
利用专业部门的信息 若相关问题不能由公司 单一部门解决而是会影 响公司整体效益时，这 些信息对企业传播就显 得尤为重要 研究具体利益相关方 具体问题扫描 收集法律信息以避免 官司	企业总体任务是什么？ 企业在具体项目中的目 标承诺是什么？ 企业总体任务与其项目 承诺有什么逻辑关系？ 企业何时进行回应手段 策略以及高压手段？又 在何时结束使用？	企业将采用何种"架 构"？按部就班的、大 肆宣扬的还是针对特定 问题的？ 如何利用社交媒体？ 如何利用外交手段将对 反对者的攻击转化为对 当前中立者或支持者的 态度？	何时进行传播过程 的评估？ 由谁评估？ 评估标准是什么？

总   结

　　建立并维系外部协同关系需要企业传播经理具有专业知识。但是，传播经理并非单打独斗，建立联系并非只是传播部门的责任，负责具体战略目标的所有部门经理对于建立协同关系都有责任。为企业同外部利益相关方建立传播的桥梁不仅仅是其他部门管理者的责任，更是权利。企业传播专业人士负责提供信息、维持传播的连贯性以及设计引人入胜的宣传语；而其他管理者则应该为协同关系打造更为专业和内容驱动的基石。与企业外部机构建立互惠互利的关系往往要从企业内部员工的相互尊重、相互合作开始。

　　如果企业传播部门能通过企业关键绩效指标（KPI）的上升来表现自身为企业增加的价值，其作用就能够赢得更多的尊重。后面将讨论哪些指标可以用于显示传播的价值，在实际运用中又该如何使用这些指标。

注释：

1. 联合利华网站：www. sustainable - living. unilever. com/（访问于2011 年 3 月 23 日）。

2. C. B. M. 范瑞尔、C. J. 福伯恩:《企业传播原理》,Routledge 出版社 2007 年版。

3. Eneco 网站: http://corporateuk. eneco. nl/ABOUT_ ENECO/Pages/Default. aspx (访问于 2011 年 6 月 18 日)。

4. A. Ramzy:《英雄档案》,2000 年, www. narrativity – group. com (访问于 2011 年 3 月 23 日)。

5. J. K. Stuller:《墨迹斑斑的亚马逊女战士与银幕英雄: 现代神话中的女超人们》,伦敦 I. B. Tauris & Co. Ltd. 2010 年版。

6. T. J. Brown、P. A. Dacin:《企业与产品: 企业联系与消费者产品回应》,《营销周刊》1997 年第 61 卷第 1 期。

7. M. Orlitzky、F. L. Schmidt、S. L. Reynes:《企业社会金融业绩: 整合分析》,《企业研究》2003 年第 24 卷第 3 期。

8. O. J. M. Maathuis、C. B. M. 范瑞尔与 G. H. van Bruggen:《用品牌传达个性: 企业联系对于消费者的价值》,《企业声誉、个性、竞争力会议摘要》,阿姆斯特丹,1998 年。

第三部分
关键绩效指标与构建
企业传播中的协同

8 衡量协同带来的硕果

为了建立起机构内外重要利益相关方之间的协同，关键绩效指标（key performance indicators）是构成本书提出的核心模式里的最后一个要素（见图8-1）。绩效指标凸显的不是成功就是不足。因此，在决定是否对做出特殊传播贡献的管理者进行经济补偿或加薪时，关键绩效指标往往成为计算的标准。

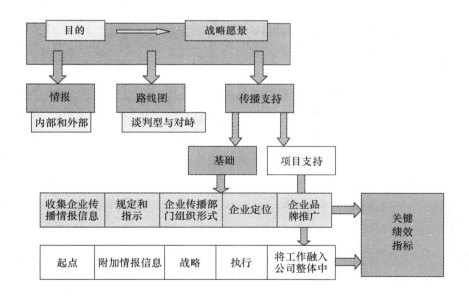

图8-1 总体模型

不过，采用该指标的好处不止于此，更重要的是其附加价值——它能促成企业的成功。如果运用得当，它还能够把企业成员的注意力都聚焦到如何实现公司目标的问题上来。

尽管指标与奖金十分重要，企业传播的利弊也值得考虑。让我们先看看企业传播经理通常能做些什么。

企业传播的预期

　　每个职位都需要明确它对于部门或公司业绩方面的价值，更令人期待的是它对于其他成员、机构以及社会产生的价值。工作占据了个人的大部分时间，所以无论这种价值是以多么间接的方式达成，都值得得到特殊的鼓励。而且，对于某些职业而言，非物质报酬更容易获得且影响深远：老师在拓展孩子认知与情感能力方面发挥着重要作用；医生为病人身体状况的改善做出了贡献；警察维护了社会治安。

　　而在实际生活中这些贡献要细微复杂得多。老师无意的批评可能打消学生积极进取的动机与热情；医生不忍心让病人接受痛感强烈的治疗反而会让其更长久地承受疾病的折磨；警察因个人喜好而在一条街区来回巡逻，不法分子则趁机在相邻街区肆意捣乱。世事复杂多变，虽然在外人看来传播经理处理的事情都是显而易见的，他们仍需要多想一二。

　　传播专家应该增进企业意识、热爱企业文化，从而自然地吸纳、维护企业所能获得的支持。但实际情况则更加复杂，还是用警察的例子，理论上，公众认为执法人员对于社会治安负有重要责任，如逮捕罪犯、应对突发事件、维护交通、依法行事，等等。但是，他们不可能自己完成一切。

　　以足球流氓对欧洲球场产生的困扰为例。过去，在一些高风险的球赛进行时，球场周围站着成排的警察随时准备应对闹事者引发的事端。这些足球流氓不是捣乱迫使球赛中止，就是唆使不同俱乐部球迷间发生回应手段、冲撞或是更多毁灭性的破坏。而今，足球俱乐部有明确的义务通过各种措施使足球流氓滋生事端的可能性降到最低。客座俱乐部的球迷们如今通过封闭的走道到达球场内属于他们自己的分区，周围有大门和网作为屏障。在分区里，球迷成排就座，由本俱乐部的侍应生为他们服务。这些侍应生还被要求及时安抚球迷的情绪、避免冲突的发生。主场球队的球迷则是通过不同的大门进入球场，两方球迷被安置在完全分开的区域以减少接触，而且区域间甚至还有通电的栅栏，这样的栅栏同样还运用于球场的四周以防干扰。这看起来很严苛，但十分必要且有效。重要的是球场的安全不再仅仅由警察来承担，而同样也由客座和主场的俱乐部共同分担。

正如安全问题是共同责任，不断增进的认同也来自多方面，从而共同加强企业获得的支持。在过去，这被认为是传播部门的工作，就如同例子里警察负责处理足球流氓。而今天，企业声誉的提高、获得利益相关方的信任都离不开企业内部的通力合作，而在行动上传播部门保留着突出的领导作用。

在前文中我们已经了解到"运营许可"的产生模式，即卓越的绩效乘以出色的传播再除以社会情境。这里说的许可证虽然是虚拟的，但假若一个企业能够在刑罚条律、规章制度以及客户投诉的干扰下仍正常运作，那么其中许可证的作用不可小觑。这是利益相关方取得协同的结果，而这种协同能使公司不断完成其已有的或者新开发的战略目标。因此，企业通过图 8 - 2 所展示的公式又一次获得了许可证。

$$\frac{卓越绩效 \times 出色传播}{社会情境} = 运营许可$$

图 8 - 2　运营许可的前提

在实践中，有三个因素决定许可证能在多大范围内允许公司自由生产，以及能在多大程度内规避各种限制，保证最佳表现。其一是合理的传播运作机制；其二是负责客户满意度、企业创新与财政的各个总经理；其三是整个社会，即外部利益相关方能够对公司所在的社会情境产生积极或消极的影响。

面对 21 世纪，当代企业的最大挑战是如何对当下或未来社会的发展变化作出预期从而规避可能对生产许可造成的不良影响。相应的，这或许是企业传播经理能做的最大贡献。他们发现并观察这些发展变化，同时说服行政管理层制定应对措施使企业免于外部威胁。政策执行后，传播经理在传播中讨论危机处理表现，认可全公司付出的努力。这一过程往往反复进行。

良好的业绩加上出色的传播开启企业可持续生产的大门。然而，无论一个公司如何小心谨慎、勤勉运作，广泛而深远的社会发展变化都能使精心布置的计划付诸东流。这就是为什么社会情境在信任公式里被放在分母的位置上。

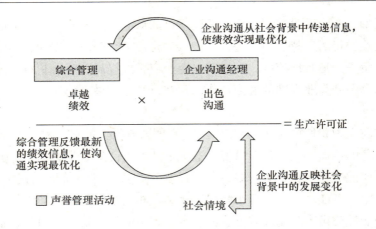

图 8 – 3　企业传播中的均衡态势

以美国快餐连锁店麦当劳为例。几十年来，对那些家有儿童的父母们来说，麦当劳一直都是他们最喜爱的餐厅。麦当劳提供的食物，就其质量和口味而言，都没有太大问题。对于很多人来说，麦当劳在全球范围内的成功要归功于企业传播与广告。因此，麦当劳的分子没有什么问题。

问题出在分母上。近年来，麦当劳连同其他快餐连锁，被公众指责提供汉堡包、炸薯条，以及其他含有大量卡路里的不健康食物，从而成为美国肥胖症蔓延的主要原因之一。人们对于健康饮食的意识逐渐增强，这是麦当劳公司运作的社会情境里发生的重要变化。于是，麦当劳在其餐厅菜单上增加了沙拉和低脂食物。但是反对者眼中只有麦当劳导致肥胖这一事实，而麦当劳针对此的应对做得太少、来得太晚。其结果就是该公司的"运营许可"面临着巨大压力：许多城市的特许经营权不再轻易获得，套餐里不允许添加吸引儿童的玩具，学校附近的餐厅不愿贩卖麦当劳的食物，家长们不再同意孩子的请求给他们买麦乐鸡块。

关于运营许可的正面例子可以参看美国另一家公司，强生（Johnson & Johnson）。作为世界上最大的医药产品、医疗诊疗设备、家用护理产品的供应商之一，强生公司以其生产创新与高质产品打造了金字招牌，并且通过积累现金储备而不是负担沉重的外债来完成大型企业的收购，从而维持其良好的金融地位，是目前少数持有 3A 级信用评定的跨国公司之一。此外，强生公司还具有出色可靠的绩效记录，如连续 76 年的销售增长、连续 25 年的调整后盈利（adjusted earnings）增幅和连续 46 年的股息增值。

图 8-4 麦当劳遭炮轰

强生的驰名声誉从多年来各大排行榜上的名次中就可见一斑。成就这一表现的原因在于它对社会发展变化的预期以及所做的商业策略及企业传播。所有这些植根于有名的"强生信条"（Johnson & Johnson Credo），即强生公司的企业信念以及在其指导下的社会责任感。在 1943 年，时任强生公司董事长及执行总裁，强生公司创始人之一的儿子，罗伯特·伍德·强生（Robert Wood Johnson）写下了这个信条。该信条要求所有雇员把公众的需要与健康放在首位。

从强生公司近期发起的"护理运动"（Nursing Campaign）中可以看出该公司能够对社会情境中可能出现的潜在威胁做出预期。在这些广告里，强生公司强调护士这一职业正出现迫在眉睫的人员短缺。广告活动的目的不仅在于呼吁更多人投身护理专业，还在于发展更多的护士教育家（nurse educator）、挽留该领域的精英人才。广告反响热烈，因此美国护士短缺的问题得以解决。尽管强生积极呼吁，缺少护士教育家的问题仍有待解决。

尽管广告的初衷尚不明确，我认为，该公司的传播人员在其中提供了关键性支持力量。他们发现了这样一个可供利用的起点，从而让公司引领社会风潮，成为社会情境里发展变化的推动者。善于发现问题并分担责任、鼓动内部力量解决问题，并在随后的传播中使公司处于公众意见里思想领导的地位，这种能力很好地展示了出色的企业传播是怎样完成的。

图 8 - 5 　强生公司发起护理运动的宣传图片

传播专家必须实现的预期

企业传播经理应该从旁观者的角度去认识公司，了解并欣赏公司。企业传播上的领导者对其公司应持有全面的观点，密切关注公司可能受到的外在威胁，并说服行政管理层采取相应政策以防范未来公司生产许可面临的干扰。如前文所述，这项任务不仅仅由传播部门完成，更需要传播经理和本部门同事以及其他部门的行政人员一起合作。表 8 - 1 展示了这一过程。

劳动力市场

技术性人才往往能够在一个公司待很久，或是自由地来往于不同的公司而不用担心频繁的跳槽会对他们的职业生涯产生恶劣影响。不管怎样，如果一个公司不能吸引、保留与其志趣相投的员工，那么将难以为继，更不用说有一番作为了。而对于传播经理来说，重要的关键绩效指标是吸引和挽留人才的不二法宝，它可以使员工对公司产生认同和信任，明确公司利益与目标之所在。

表 8 - 1 　　　　　　　不同利益相关方的关键绩效指标

利益相关方	关键绩效指标
劳动力市场	吸引并留住重要雇员
投资者	吸引并留住股东
监管者	成为赞誉有加的社会一员
雇员	与公司策略一致的行动支持

| 客户 | 购买意愿和市场份额 |
| 媒体 | 基于事实的正面报道 |

认识公司只是一个开始，传播部门应该随即评测准雇员对公司是否持积极看法。有没有在招贤上打胜仗最终取决于到底有多少人真心诚意地申请该公司。很多研究表明，潜在雇员对公司的看法与其是否选择在该公司工作之间的联系并不紧密。一大批毛头小子都很想去谷歌（Google）工作，但这一吸引力的产生是得益于谷歌公司传播部门的有意为之还是大众的盲从尚不得而知。无论如何，要想了解在职员工是否对职场感到舒适、与上司关系是否和谐，对现在的职位是否满意，员工满意度研究是可行的。

投资者

以股票方式进行投资体现了个人对公司的充分信任。无论是出于纯粹地试探还是长期买进并持有，对上市公司进行股票投资可视为个人及机构所能表达的终极承诺。他们用真金白银下了赌注，冒着风险相信公司的前途。反过来，公司的成功与否很大程度上取决于这些持有公司股份的投资者如何看待该公司。因此，在公司治理中有明文规定无论公司的宗旨怎样表述，董事会成员及其执行人员应当把股东利益置于最高位。

公司理所当然地要使其在金融界的利益相关方熟知公司的运作情况，并且不断更新本公司在战略方向上的变动信息。与劳动力市场一致，大多数上市公司所采用的关键绩效指标可以归纳为"吸引并留住投资者"，或者再加上几个字——"吸引并留住最想要的投资者"。诸多投资关系方面的研究表明，诸如退休基金（pension fund）和共同基金（mutual fund）一类的机构投资者（institutional investor），不仅对企业大有帮助，还不需要管理层太过费心。

图8-6　位于瑞士苏黎世的谷歌总部

注：左：旋转滑梯连接不同楼层；右：随处可见大白板，因为"想法不是总坐在办公室里得

到的"，谷歌公司的一位管理者这样说道。

在众多案例中，一旦投资者对公司抱有极大信心，甚至考虑买进，那么公司离成功也不远了。但是，由于股票市场的风向和股票的价格频频出现莫名的起伏，如暴风雨般令人难以捉摸，关键绩效指标因此很难达到预期目标。基于股票的走势受众多因素影响，不能指望传播专员能够左右投资者的购买意图。

这样一来，必须间接地分析这些关键绩效指标，比如依据实际情况把分析报告划分成不同部分，确定是推荐买进、抛售还是继续持有公司股票，以及在这些行文中是否使用公司行政和传播部门制定的说辞。同理，适用于金融出版业：如果记者开始用自己的语言重复公司传达的理念，那么说明该公司的意图已经被理解并掌握了。除此之外，衡量标准还可以是公司的年度报告有没有获奖，投资关系部的质量有没有得到认可。只有评定企业表现的专家或出版物才有资格颁发这些奖项。尽管这些荣誉得来十分主观，甚至评判标准界限不清，作为第三方验证，很多执行官私下里常常对它们不屑一顾，但在公众面前依然会夸耀这些成就。

监管者

监管机构制定规章，并且把握着尚有余地的边界，对于任何公司来说他们都是重要的角色，传播经理在两方面都得下功夫。在大多数公司里，这项任务属于公共事务或政企业务，因而被交给公司传播部门之外的高层管理者来做。而由谁来做、做的过程中组织性如何都无关紧要，重点在于关键绩效指标是否达成。

在表 8 - 1 里，与监管者相关的关键绩效指标被描述为"成为赞誉有加的社会一员"。对于某些企业来说，仅仅是成为"被接受的社会成员"就已经很好了。无论哪一种，对于监管机构的动向应该严密观察，甚至提前做好准备，这是十分必要的。传播经理还应该积极游说以期影响条例制定过程中的政策变化。这种游说往往只有在当选政客、公司员工以及相关公务员都了解并重视该公司的价值后才可能成功。

这些努力所能产生的影响很难估量，毕竟不管是政客还是官员，他们从不会承认自己的决定受到了别人游说的影响。但事实上，很多说客往往给当选代表或监管者的幕僚草拟法案，其中夹杂着对自己雇主有利的条款。尽管幕僚们最后展示给监管机关的版本里不一定采用了草稿中所有的条款，但会保留一些说客提出的颇有帮助的点子。虽然大众对于这一过程不甚了解，但这种方法十分常见且操作起来简便可行。

在其他情况下，运用衍生的成功模式来衡量关键绩效指标也很常见。比如，说客提出的观点是否被采纳？如果被采纳，落实到哪种程度？在完成的条例中有没有考虑到这些观点、有没有解读它们的内容？这些或积极或消极的观点有没有反映在媒体中？

雇　　员

在论及运用关键绩效指标衡量劳动力市场时，我们已经接触到了员工满意度的问题。这类关键绩效指标围绕"留住对公司具有关键意义的雇员"而进行。高管们理应要求传播人员努力实现这样一类关键绩效指标，从而激励雇员在日常工作中支持公司重要战略。相关细节在第二章里有过细致的论述，下面的论述主要集中在传播专员的任务上。

标记（registering）和反馈（reacting）是最相关的两种需求。标记意味着在正确的时间察觉到正确的信号：公司内部围绕着支持或缺乏支持问题正在发生什么？这是不间断的。反馈意味着促使高管层强化重点、在合规（compliance）过程中进行查漏补缺。此外，关键绩效指标的完成取决于对积极支持的认同与理解。

支持体现在公司沿着既定战略方向运作而大获成功。战略目标越是抽象、就越难证明公司在调动支持方面的成功。再者，衍生性问题（derivative）应该视作成功的代表而被研究，关于协同力和参与性（engagement）的研究就是很好的例子，而分析由网络舆论产生的商业支持（endorsement）也是不错的选择。

作为显示商户关系的客户关键绩效指标（Customer KPI）

不论是以商品和服务取悦顾客的私人企业，还是以行动取悦赞助者的NGO（如某非政府组织成功阻止捕鲸行动），客户是任何组织不可缺失的部分。政府机关里没有明显的供应商与客户的关系链，但政府的服务对象是显而易见的，组织获得支持的程度决定了它的成功与否。客户满意度调查的重点在于分析重要客户满意度的质和量。现在广泛使用的方法是体现客户对于品牌忠诚度的净推荐值（Net Promoter Score）体系。尽管在不同行业分数值会有所不同，大体来说，净推荐值超过75%的便是优秀。

媒体关系

没有哪个组织可以对记者的报道或网络、电台、电视等媒体的舆论视而不见。演员、运动员和行政领导常常宣称自己不关心也不在意负面评论，但这大多不可信——人是有感情的动物，会因严词而受伤害，同样组织机构也是如此。

尽管社交媒体产生的影响含糊其词、瞬息万变，企业文化传播经理仍在试图找到有效的方法衡量。我们都知道负面事件可以在数小时内像病毒般快速传播，例如达美乐披萨（Domino's Pizza）连锁店事件。两名达美乐员工未经顾客同意在外卖披萨中掺杂使假，并将冒犯性视频上传到YouTube。达美乐公司积极应对此事，解雇这两名员工，对他们发起诉讼，并在几天内录制了相应视频放到网上。其实明智的公司都会长期演习以应对突发危机，迅速处理这些社交媒体上的攻击对他们来说是小菜一碟。公司使用脸书（Facebook）、发布推特（Twitter）状态，增加粉丝数量，并在其他社交网络平台上赢得大众关注，这些提高了"积极反响"方面的关键绩效指标。运气好的时候，公司还能一炮而红。

对于传统媒体而言或从架构性角度看，以下的关键绩效指标简明而重要，即宣传内容必须正确无误，最好积极向上。当指标实现时，少不了关于哪方面出力更多的争论，而且这样的讨论一向主观，主观到一篇中立偏否定（neutral – to – negative）的文章就可以影响甚至造成高层和企业文化传播经理间关系的破裂。

公司发言人的处境因此变得尴尬，他们被夹在两难境地。尽管内心明白记者想要的答案，但最终的说辞是由公司管理层决定，不能同时满足双方。有趣的是，媒体关系领域的两个发展变化对这种两难境地产生了积极影响。第一是主题化信息（themed messaging），第二是"教育"记者（educating journalist）。

图 8 – 7 净推荐值

主题化信息是根据给出的文本范例撰写核心信息，配以标题、重要引述、图片表格和其他项目，形成一篇文章放在网站上。网站仅限于个别媒体记者阅览，并赋予他们下载、改写的自由。

"教育"记者则更多的是一种植根于美国本土的理念。组织机构根据国家的大小、公司的规模以及市场意图选择不同类别的记者，每类记者的选择取决于他们的传播媒介、个人特色及文字表现力。这些记者被邀请出席组织机构下的各种会议，以尽量客观的角度描述公司所做的工作、现存的问题以及公司是怎样获得成功的。此举把记者带入了公司组织的内部，并近距离考察其中的各种问题，同时保证其编辑信誉不受损害。在这之中私下的友谊关系也会随之产生。

无论如何，这不意味着记者会因此变得客气，他们从不放过评论他人的机会。但这种怀疑的态度对企业来说也有好处，至少在颇有偏见的评论中给当时的事件提供上下文、还原当时语境。然而，对于专业传播部门来说，这或许是最难把握的。尽管媒体监测的研究表明积极的报道有利于企业名誉，在执行官看来，一篇否定文章配上不尽如人意的图片就足以掩盖正面的宣传效果了。

责任感：人事部必备

内部预算的捉襟见肘一直是管理者面对的现实，为此他们需要知道部门业绩的真实情况。不过，现代企业的执行者们往往带着好奇与渴望去理解、定义非物质贡献，并和管理者、雇员共同进步。"知识即衡量标准"的概念在许多开明、有见识的公司里逐渐成型。随着关键绩效指标和其他业绩考评手段的增加，这股潮流变得越来越明显，成为公司仪表板上不可或缺的一部分。但不是所有的部门都愿意接受这样的考评。在近期对美国市场总监的一项研究中，近80%的人不满意公司的仪表板。传播经理也持有同样态度，比起其他职业，他们总是在和抽象的东西打交道。

劳拉·派特森（Laura Patterson）提出，一个理想的营销仪表板（marketing dashboard）应该做到呈现市场发展趋势、帮助评估生产，并有利于决策制定。通过这种方式，营销者证明了自己的价值与作用，并巩固了与公司其他部门的协同关系。派特森强调关键绩效指标和公司的层级目标是并驾齐驱的。在最基本阶段，业务活动的目标在于赢得关注。数十年之后，评判的方式变为"传播经理能展示给决策层多少相关报道"。而今，这种关注进一步通过公司网站的点击率来衡量。第二阶段则在于公司的广告宣传、营销活动如重大商展能做到什么程度。此时的成功取决于花费不超预算、关注度飙升、到场员工人数充足，并能与利益相关方攀谈，增进他们对于公司的了解。

因此，在制定并执行仪表板时，传播经理应该明智地考虑到营销者的丰富经验。在这一点上，有四方面值得特别重视：

· 仪表板上的关键绩效指标要做到清晰明了、可操作性强，并得到了高层的一致通过。

· 在与高层协商讨论的基础上，选中的关键绩效指标能够适用于不同部门，实现相关可靠的定量分析。

· 仪表板上的比值在解释说明时清楚易懂，比如红色代表不好、绿色代表好、黄色代表中立。这样阐明了传播中的附加价值，并利于合理地提出下一步的必要行动。

·仪表板提供三层信息：最抽象的针对高层；接下来是针对商业联合的管理，提示和其业务相关的数据；最后针对具体项目，比如广告宣传或商业展览，并给前两者带来增益。

如何在企业传播中运用指标？

对于任何领域的管理者来说，责任的概念变得越来越明确。具体而言，责任意味着所作所为应该值得信任，对个人和本部门负责。在论及市场中提到的各种发展也适用于企业传播。

然而，尽管存在评测业绩的意愿，目前还没有一系列得到广泛认可的起始点。幸运的是，在此之外有一些持续增加的积极案例。我从罗恩·伍德林柯（Ron Wunderink）那儿听说了一个。罗恩是荷兰皇家航空公司（Royal Dutch Airlines）的前传播总经理。1990 年，该公司经历了多次重组，一位麦肯锡顾问询问罗恩，其领导的部门对该公司的业绩做出了怎样的贡献，罗恩要求他先出去，30 分钟后再回来。

这个顾问再次回来的时候惊讶地发现罗恩办公桌上铺满了前几周里所有出版的国内国际报纸和杂志。很多都有被剪过后留下的空洞。罗恩解释说，这些空洞都是批驳过该公司的文章，而他的部门就这些文章和记者、公司利益相关方交涉，他们并没有辩解说这些问题不足为道或缺乏依据，相反，他们从这些文章中找出了对于公司有利的部分。顾问随即离开了房间，而罗恩部门的预算分文未减。

不过如今，想要向高层以及虎视眈眈的顾问说明企业传播运作中存在附加价值要花更大的力气。多年来，传播部门的业绩评测在飞利浦（Philips）、凯捷（Cap Gemini）、雪佛龙（Chevron）等众多公司中主要依据内部客户的意见。这些内部客户往往居于公司领导层，如董事长、副董事长、人力资源主管。他们被要求对公司传播运作打分。

因此，传播人员的业绩评估、薪酬待遇、职业前途取决于是否在公司内刊上报道了部门运营的活动，是否成功使公司高管免于媒体的围追堵截——个人意见成为主要决定因素。虽然这样能使传播人员了解每个高管的好恶，但却是十分粗暴无情的评价方法，无法真正反映部门在建设、维护公司声誉与信任方面的重要价值。

明智的公司现在都使用定量分析的方法评价传播运作中的成功与失败。但是，选择怎样的指标才能恰到好处地表明传播部门的活动仍是个问题。尤其是当下很多公司的战略愿景与任务制定得十分抽象，传播部门依此而展开的活动也就更难评测。

而有的时候这样的评测看起来却十分简单。比方说，预期"在明年同期盈利实现20%的增长"，因为这些数据具体可证、真实可见，这类目标的完成情况也显而易见。但当目标变得抽象时，对于其完成情况的评价也变得越发困难。联邦快递公司（FedEx）曾说道，"当把人放在第一位考虑时，自然而然会提供最好的服务，利益也就随之而来"。强生的信条是"顾客的需要与健康是我们的首要考虑"。信条所传达的理念清晰易懂，但要试图证明公司里每个雇员每天都如此照做则是一项巨大而漫无目的的挑战。

上述公司每年都会确定财务目标，以及其他硬性指标如市场份额、节制成本。雇员、股东、风险分析师等在内的直接利益相关方会密切关注这些目标的完成程度。上市公司的执行人员都敏感地察觉到这些关注，因此通过习惯、法律和已有的可信度，承担起可能出现的结果。不过，数据并不能说明一切。

更全面地评测应该基于公司集体的努力成果，其中包括产品研发、生产领域、市场与销售的智慧、人力资源部提供的各项支持、网络运营部、财务部和传播部门。不同的部门各司其职，共同完成了预期任务，不论用盈利亏损表或是其他指标来衡量，这一点是不容置疑的。但是，即使这些都纳入考量之中，业绩评测的全貌仍不完整。

在分析这些独立部门的业绩时，执行人员通常会问三个问题：团队里的每个人是否都做出了明显且可供量化的贡献？每个成员是否明白自己做出的贡献对于公司整体成功的意义？是否具有全局意识并随之看到了集体贡献带来的附加意义？全局意识的一个体现就是平衡计分卡（balanced scorecard）。它由卡普兰（Kaplan）和诺顿（Norton）发明，被广泛应用于量化分析中，以前后贯穿的视角展现众多不同贡献是如何达成公司经济目标的。

这种比较传统、偏经济视角的计算方式在众多大型企业内部不值一提，因为这些公司提出的企业目标往往十分抽象，诸如在社会上赢得一席之位，或为人类健康做出贡献。实际上，这里存在一个层级目标的金字塔模型，在其最顶层是这些抽象的目标，而逐次往下是越来越具体实际的目标，形成坚实稳固的底座。诺华（Novartis）计划便是一个很好的实例，参见拓展案例8-1。

拓展案例 8-1 诺华计划

诺华制药公司

公司致力于研发创新药物防治疾病并使之市场化，减少病痛并提高生活质量。凭借出色的业绩表现，公司愿意提供丰厚的股东回馈，并向对公司提供创意与劳动者给予优厚报酬。

该计划给传播部门提出了明确、重要的任务。管理层希望大多数重要的利益相关方意识到公司致力于改善生活质量的创新精神及其所蕴含的价值。传播经理就此做出相关展示，并且描述公司业绩能给股东带来的稳定回报，回报可以是红利，可以是股价的上涨，也可以是两者兼具。也许这些问题看起来有些自相矛盾，即用具体的物质表现来衡量他人的精神感受，但同样值得关注。

瑞士制药公司诺华的计划看起来十分吸引人。研发高效药物治愈疾病，从而改善患者的生活质量是十分高尚的做法，体现了社会责任感和领导力。但在商言商，公司雇员应该充分兼顾到股东的满意度。除此之外，涉及药物研发，就需要一个专业的技术团队。团队人选的问题也要求公司细致考量。具体参见图8-8所示的层级目标。

总目标（合理可行）

提高生活质量

子目标

有吸引力的雇主　经济状况良好　透明度　荣誉有加的社会成员　高效产品　创新研究　领导力

图 8 – 8　总目标和子目标

诺华公司需要计算每个目标及子目标下的关键业绩指标，关于此的解释说明详见图 8 – 9。

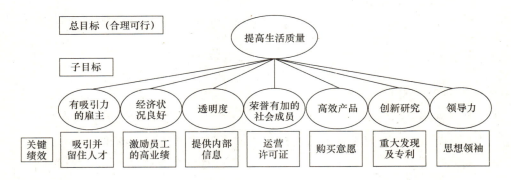

图 8 – 9　各目标 KPI 图解

此处的关键绩效指标公式仅具有学术意义。毫无疑问，诺华公司内部有人意识到关键绩效的意见一致是由内外因素共同作用而成的。这种认知可以作为最基本的起点，同时适用于绝大部分公司组织。

下一步就是明确各项子目标，参见图 8 – 10。这一步可以通过运用第五章探讨的声誉驱动力，即 RepTrak™ 模式完成。针对"成为具有吸引力的雇主"这样的子目标，该模式提出如下疑问："该公司给予员工的奖赏

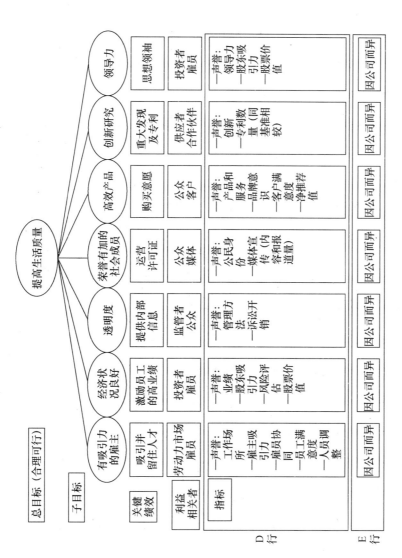

图 8-10 KPI 明细表

是否分明、公正？奖赏是否致力于员工的健康发展？是否提供平等机遇？"

"提高生活质量"的主要目标对应领导力一栏，朝着"组织严密、领导突出、管理有方、远景明确的公司"方向运作。详细阐述参见图 8 – 10 里 D 行所示。其后，E 行显示的则是通过组织专营的方法完成。虽然不需要时刻做到这么细致入微，但当管理层吹毛求疵的时候，细致可以增加关键绩效指标的作用。

接下来的步骤是给每个关键绩效指标增加具体的量度，用以在仪表板里体现传播部门带来附加价值的数量。这样的结果如表 8 – 2 里展示的那样。

企业传播关键绩效指标的实际运用

在前面的章节里，我已经讨论过关键绩效指标作为衡量企业传播成功与否的手段，这种手段既是外在的又是内在的。正如前文所述，传播经理的业绩评判通常与其他部门的管理者混在一起。建立并维持公司内外的协同由所有部门共同肩负，使用关键绩效指标作为衡量手段不仅关乎传播经理的业绩，还关乎执行层。

众所周知，荷兰通信市场的领导者荷兰皇家电信（KPN）和荷兰能源公司（Eneco），使用 RepTrak™ 模式和 RepTrak™ 协同力监控作为关键绩效指标给管理层成员发放工资，分别占其总利润的 25% 和 20%。具体细节我不便做过多透露，举这个例子是为了说明这种衡量方式的可行性。

运用 RepTrak™ 作为关键绩效指标来决定声誉建设中的成功与失败，过程大致如下：第一步是计算谁对于声誉拓展与支持行为的贡献最大。像表 8 – 3 展示的那样，有五个看起来得分最高。其中，三个可以归为责任使然，另外两个则是能力使然。基于数据分析，把 X 公司的纵向数据（至少 3 年）和声誉研究所的全球工业基准结合起来，凭借这五方面在接下来 3 年间的实际增长，表 8 – 3 的预期可以实现。

第一步：确认最重要的参数。

表 8 - 2		企业传播仪表板（数据虚构）		
关键绩效指标	利益相关方	指示物	得分	基准
吸引并 留住人才	劳动力市场 雇员	声誉：工作场所		世界范围≥65；行业 = 59； 基准 = 65
		雇主吸引力		
		雇员协同		>60
		员工满意度		
		人员调整		
激励员工 提高业绩	投资者 雇员	声誉：业绩		世界范围≥65；行业 = 59； 基准 = 65
		股东吸引力		买入/持有
		风险评估		
		股票价值		行业平均值
提供内部信息	监管者 公众	声誉：管理方法		世界范围≥65；行业 = 59； 基准 = 65
		诉讼开销		
生产许可证	公众 媒体	声誉：公民身份		世界范围≥65；行业 = 59； 基准 = 65
		媒体宣传（内容和报道量）		负面 <10%；正面 >20% 公司意见 >35%
购买意愿	公众客户	声誉：产品和服务		世界范围≥65；行业 = 59； 基准 = 65
		品牌知名度		公众 >20%；客户 >80%
		品牌意识		公众 >75%；客户 = 100%
		客户满意度		>70
		净推荐值		行业 >15% 主要基准 >10%
重大发现 和专利	供应商 合作伙伴	声誉：创新		世界范围≥65；行业 = 59； 基准 = 65
		专利数量（同基准相较）		行业平均值
思想领袖	投资者雇员	声誉：领导力		世界范围≥65；行业 = 59； 基准 = 65
		股东吸引力		买入/持有
		股票价值		行业平均值

表 8 – 3   X 公司预期年度声誉驱动力增长

不同参数的纵向影响	
产品和服务	比例（%）
优质产品	6.4
物有所值	7.5
售后服务	3.8
满足消费者需求	7.1
创新	
创新型公司	5.3
最早切入市场（first to the market）	3.3
灵活应变	4.8
职场	
同工同酬	4.1
关心下属	2.5
机会均等	3.1
管理方式	
公开透明	5.3
行为道德	4.3
公事公办	5.4
公民义务	
保护环境	4.7
投身公益	2.6
积极的社会影响	4.6
领导力	
公司组织分明	4.5
领导者富有感染力	2.1
管理者能力出众	3.7
未来蓝图清晰明确	4.0
业绩表现	
公司盈利丰厚	5.1
员工绩效高于预期	2.1
发展前景可观	3.6

本公司

能力			
	2008 年	2009 年	2010 年	2011 年
优质产品				
物有所值				
满足消费者需求				
创新型公司				

责任			
	2008 年	2009 年	2010 年	2011 年
行为道德				
公事公办				

同行

能力			
	2008 年	2009 年	2010 年	2011 年
优质产品				
物有所值				
满足消费者需求				
创新型公司				

责任			
	2008 年	2009 年	2010 年	2011 年
行为道德				
公事公办				

·能力

·责任属性

第二步：从历时角度分析比较本公司和同行在关键参数方面的业绩表现。

第三步：对未来关键绩效指标的预期。

能力关键绩效指标			
	2012 年	2013 年	2014 年
优质产品			
物有所值			
满足消费者需求			
创新型公司			

责任关键绩效指标			
	2012 年	2013 年	2014 年
行为道德			
公事公办			

· 保持（≥70）

· 改进（60—70）

· 立即采取行动（<60）

最后，类似的分析同样适用于计算接下来三年间脉动指数（Pulse score）[①] 的实际增长。在分析中，需要把过去三年（基于每月数据）的投入以及全球工业数据基准结合起来。结果参见表 8-4 所示的项目。Y 公司在雇员协同的分析中也运用了类似方法。

表 8-4　　　　　　　　　　X 公司预期年声誉增长

KPI 脉动（KPI Pulse）			
	2012 年	2013 年	2014 年
脉动（Pulse）	69.3	70.8	72.3

声誉管理也是如此。在这里，关键绩效指标由 RepTrak™ 协同力监控过去三年的数据决定，体现在七个方面。它们可以划分为获取信息、鼓动宣传、发展能力等。而数据分析应该基于公司三年来的数据，并和国际指标相较而言。这将导致雇员协同上关键驱动力的增强，如表 8-5 所示。

第一步：确认最重要的参数。

---

① 脉动指数（Pulse score）是声誉研究所的一项衡量企业声誉和期望值的指标。——译者注

· 知情

表 8 - 5 　　　　　　　　　　影响 Y 公司员工协同度的关键参数

不同参数的纵向影响	
媒体和通信	比例（%）
获得足够信息	5.4
传播重要信息	4.7
总体层级传递	
充分了解其他业务单元的信息	2.5
及时得知高层决定	2.0
战略主动性层级传递	
管理者掌握充足信息	5.0
管理者详述战略主动性（SI）	4.2
管理者鼓励做出贡献	5.2
管理者以身作则	7.2
总体对话	
信息经理容易接触得到	1.2
其他业务单元的信息可以轻易得到	2.1
和高管们讨论的机会	3.2
参与决策	3.1
对说话者的尊重	2.9
传播中的坦诚	1.5
战略主动性对话	
与管理者的常规交流	7.0
与贡献相关的充足反馈	2.6
能力发展	
方式多样	5.2
训练充足	5.3
充分授权	7.5
认可与回报	
对贡献的高度认可	8.5

基于贡献的丰厚报酬	9.8

· 激励

· 能力发展

第二步：从历时角度分析比较本公司和同行在关键参数方面的业绩表现。

本公司

知情		
2009 年	2010 年	2011 年
管理者以身作则		

激励		
2009 年	2010 年	2011 年
与管理者的常规交流		

能力发展		
2009 年	2010 年	2011 年
充分授权		
对贡献的高度认可		
基于贡献的丰厚报酬		

同行

知情		
2009 年	2010 年	2011 年
管理者以身作则		

激励		
2009 年	2010 年	2011 年
与管理者的常规交流		

能力发展		
2009 年	2010 年	2011 年
充分授权		
对贡献的高度认可		

基于贡献的丰厚报酬			

第三步：对未来关键绩效指标的预期。

知情关键绩效指标			
	2012 年	2013 年	2014 年
管理者以身作则			
激励关键绩效指标			
	2012 年	2013 年	2014 年
与管理者的常规交流			
能力发展关键绩效指标			
	2012 年	2013 年	2014 年
充分授权			
对贡献的高度认可			
基于贡献的丰厚报酬			

· 保持 （≥70）

· 改进 （60—70）

· 立即采取行动 （<60）

关于所有雇员协同力指标，表 8 - 6 显示了今后三年的数据变化。

表 8 - 6　　　　　　　Y 公司预期年雇员协同增长

KPI 雇员协同			
	2012 年	2013 年	2014 年
雇员协同	55.9	57.2	58.5

由静到动 （From metrics to motion）

如果传播是为了赢得企业应有的尊重，那么衡量其运作的手段应该和其他部门保持一致或相似。在宗教的领域，信念是最重要的媒介。而在商业、政治等其他领域里，领导者看重的是数字。他们根据关键绩效指标做出决定，并给予尊重、信任以及自由。对任意传播部门来说，扩展可量化关键绩效指标、促进公司协同力发展是其职责所在。

如同企业其他因素，关键绩效指标这类重要因素来自高管层的认同与赞许，辅以合作的方式发展，从而保证活动的合理性。数据用于证明指标的实现与否，并促成实际行动以填补理想与现实的差距。

同样，传播运作的业绩表现也同其他部门一样，展示在仪表板上。业绩表现在这里得到直观反映，振奋士气的同时赢得执行层的信任。有了他们的信任，传播经理得以建立起出色的、符合公司需求的部门。

注释：

1. 欧睿国际（Euromonitor）、强生（Johnson & Johnson）、全球市场信息数据库，www. portal. euromonitor. com（访问于 2011 年 4 月）。

2. 数据监测公司（Datamonitor）、强生、www. datamonitor. com（访问于 2009 年 8 月）。

3. 强生公司，2009 年年度报表，www. jnj. com（访问于 2011 年 3 月）。

4. 净推荐值网站：www. netpromoter. com（访问于 2010 年 8 月）。

5. 劳拉·派特森（L. Patterson）：《实践中的市场指标：创造业绩驱动下的营销组织》，芝加哥：Racom 通讯公司（2008 年）。

6. M. 西蒙兹、T. 怀特、J. 奥特：《以顾客为导向的银行之道：怎样留住客户并刺激顶线增长》，《商业策略杂志》2007 年第 28 卷第 6 期。

7. 派特森：《实践中的市场指标：创造业绩驱动下的营销组织》。

8. R. 卡普兰、D. 诺顿：《平衡计分卡在工作中的使用》，《哈佛商业评论》1993 年 9—10 月刊。

第四部分　跋

9 协同力：构建与维护利益相关方的全面支持

积极且持久的内外部协同促使商业运作更加顺利，令公司免遭诟病并吸引投资者、富有才干的员工以及顾客。构建协同力的终极目标是通过赢得各界的信任从而获得不受限的运营许可。运营许可并不是平白无故而来的，需要卓越的表现和同样完美的传播。然而，无论是管理层还是个人，都应该充分认识到，即使表现极尽优异且传播顺畅无碍，一个失误或是社会情境下的消极影响都会使运营许可受限。

这一点老虎伍兹应该比谁都清楚。日本丰田公司在 2008 年以 86.53 的脉动指数高分从 2500 家国际大公司中脱颖而出，被声誉研究所选为世界上最受赞赏的公司。而在此后不久的 2009 年评选中，丰田公司的评分跌至 75.16 分，这个评分虽勉强可以接受，但依然预示着社会情境下的机构整体倒退。分数每年都在下降，在 2010 年和 2011 年分别持续下降至 74.08 分和 71.26 分。对于连续几年麻烦缠身，并且面对事故、投诉以及政府和媒体的审查都表现不尽如人意的丰田来说，这结果并不意外。

在过去十几年间，丰田的八种车型都出现了油门无法复位的问题，导致几场人员伤亡和一些事故。也许，丰田只是对这些问题回应太过迟缓。然而，不同于丰田公司一贯全面妥帖、迅速有效的解决方法，这次公司主要将首要责任归咎于司机，随后是脚垫，万不得已才召回了数十万的问题车辆返修加油踏板。而后，刹车的问题迫使丰田公司又召回了 2010 款普锐斯（Pirus）。与此同时，方向盘问题又导致了更多的问题车召回。最终，公司不得不关闭生产线，专注于维修召回车辆和公关，这又是一个同样漫长且迟缓的时期。就在首次召回发生的一个月后，丰田公司的市值贬低了 1/5，损失达 300 亿日元。有评论称，正是丰田取得的全球性成功和名誉使得其危机公关姗姗来迟。其他评论则将问题归咎于公司的过速增长：2000 年，丰田一年仅生产了 520 万辆汽车，而现在，公司一年可生产 1000 万辆，如此的激增使公司难以听到生产线上发出的虚弱信号。还有分析这样描述："丰田的管理团队过度迷恋上了自己，以致太过褊狭，无法处理这样的危机。"

美国国会许诺将在听证会上严格审讯丰田的高管，而美国交通部的首席官员更扬言除非丰田公司将所有现有的和潜在的问题全部解决，否则"不给好日子过"。在公司的首要市场发生这样的情况，无疑对其运营造成巨大限制。尽管丰田公司所拥有的良好市场地位会帮助其恢复，但是，日本在 2011 年罹受的地震、海啸、核泄漏的三重灾难使得丰田公司的"回暖"异常艰难。在那个电力供应短缺的夏天，丰田将生产线的休息日调至周四和周五，在供电需求较低的周末持续生产。这对于当时的日本社会是富有责任感的做法，同时这也是丰田公司从自身，从本国开始重塑形象的重要开端。

尽管丰田公司是自食其果，但是口碑的精髓就在于公司不必为其可能遭受的不良发展杞人忧天。在 2009 年，沙门氏菌的暴发被追溯到了美国一家花生加工公司身上，此次暴发促使美国政府对花生类生产企业进行了整顿。还是在美国，由于牛感染大肠杆菌，三年内发生了 16 起病案，问题牛肉被全面召回，这使得一些消费者对于食用牛肉安全问题产生迟疑。数以千计经营清洁、美味、无菌牛肉的公司也因售卖问题牛肉的商家受到牵连。

而在这些情况下，无论麻烦是来自外界还是自身，协作力都是转瞬即逝的，对事态发展影响极小。

基本要素简述

与关键利益相关方建立和保持可持续的协作力需要专业运用三个相互关联的管理要素。"三思而后行"。首先收集相关情报，对内了解企业整体以及具体特征，以及每一个员工在日常工作中对于新战略的支持程度；对外理解公众言论、具体工业领域问题的本质和影响以及声誉。以上信息应在相关经理之间相互共享，在制定战略路线图做决策时作为参照。这样的路线图或偏重谈判型或偏重抗衡，其最终目的都是劝说所有利益相关方配合公司的战略内容。除了最高管理层和不同职能的直线经理外，在实施战略路线图方面，企业传播专家也负有重要职责，如增加相关人员对企业及其战略的熟知度、理解度、赞同度等。

企业传播经理所作努力是否有效一部分在于他们自身而另一部分取决于公司决策层（C - Suite）的态度和行为。最高管理层应该保证传播部门充足的经费，良好的工具并将传播部门领导整合到领导层，或者是被我称作"主导联盟"的团队。传播部门领导的职位可被称为传播副总裁或者首席声誉官。比职称更重要的是主导联盟成员应该相信传播副总裁对公司有深刻了解，并且会成为制定战略过程中的得力伙伴或咨询专家。

传播团队的成功同样取决于团队的专业程度。团队必须展示出高昂的斗志，以及赢得主导联盟重视的决心。为了在主导联盟中争取一席之地，该团队必须以足够的事实证据去证实自己对提高公司整体表现是有价值的。尽管该部门的工作大多是战略支持，传播经理也有职责分析内外部关键利益相关方的观念和行为。发挥传播的力量和创造力的根本在于在适当的时机向适当的受众传递适当的故事。

利益相关方的全面支持需要专业性。评价内部协同的最初标准就是对企业身份的认知，其中涵盖对行业的解读，公司在行业中所处地位的认知，高层希望的展现的身份以及实际的展现的身份，以及员工理解的身份与他们日常工作中表现出来的身份之契合度。不仅如此，传播部门应该认识到，他们工作的成效也取决于其他部门，如市场、财务、人力资源等部门对其工作的拥护程度。

在构建内部协同方面是有章可循的。为了说服员工自觉自愿、充满热情地支持公司战略目标，大多数企业会从谈判型路线图开始。首先与关键人物和代表成员讨论，之后进行一场旨在互利共赢、统一阵营的共识手段谈话，而后辅之以对峙型的工作方式，比如回应手段，即不可避免的信息传递；高压手段，比如引进一种新的评估法则。这时，传播专家将通过内部传播四步骤，即结构、传递流、内容和氛围影响谈判型和对峙活动，由此，不论在官僚型、意义共享型、意识形态型还是责任型企业，告知员工、激励员工、能力开发三种管理手段将发挥最佳效用。

构建外部协作也需要类似的三步流程：精确分析、战略制定和由企业传播努力而来的新战略目标的实施。分析外部环境的目的在于细致了解所有利益相关方、竞争者、大众对具体事件、社会影响、企业意义的信念和行为。与外部利益相关方建立桥梁的方法可以分为谈判型战略和对峙战略。建立外部协同可归结为两方面：一是建立企业传播的持久基础；二是协调一致地利用这个基础建立与内外部利益相关方长久的协同。

　　能够清晰衡量目标达成程度的 KPI 指数证明了建立整体利益相关方支持的成效。从率先采用 KPI 衡量法的行业（如市场行业）中可知，只有在首席财政官和其他高管为 KPI 负责时，KPI 的衡量才会被认同。这时，财务部对于传播专家来说，就成了重要的纽带。当财务部认同建立利益相关方相互尊重和信任这一行为是具有财政价值时，企业传播才从"必要支出"转变为关键资产。

表 9 - 1 　　　　　　　　　　　　　总结归纳

关注点	核心问题	示例
协同力的基本要素	建立在公司和其关键利益相关方之间互利共赢的关系，从而帮助公司达成目标，实现愿景	巴克莱银行
收集内部情报	整体身份特征：责任型、官僚型、意义共享型、意识形态型 具体身份特征：向往性的身份、展示出的身份、感知到的身份 战略目标、整体身份、具体身份和员工行为间的适配	南非国家电力公司（Eskom）、联邦快递（Fedex）、荷兰国际集团（ING）
建立内部协同——制作路线图	谈判型和对峙	飞利浦案例（Philips）
建立内部协同——企业传播支持	告知员工、激励员工、能力开发 内部传播：结构、传递流、内容、氛围 以四种企业整体身份建立内部协同 建立维护内部协同的四种情景	TNT、联邦快递（Fedex）、西班牙天然气公司（Gas Natural Fenosa）、西班牙雷普索尔公司（Repsol）
收集外部情报	问题扫描 公共舆论 声誉 战略目标与利益相关方信念之间的适配	布伦特斯巴（Brent Spar）案、西班牙储蓄银行（La Caixa）、巴西伊塔乌银行（Itaú）
建立外部协同——制作路线图	谈判型：商议和共识手段 对峙：回应手段和高压政策 转基因食品案例："弗兰肯食物"或解决饥饿问题 西班牙电信公司（Telefonica）案例、联合利华（Unilever）案例和孟山都（Monsanto）案例	

续表

关注点	核心问题	示例
建立外部协同——企业传播支持	基础要素（规则、情报、传播组织、企业定位及企业品牌推广） 项目支持（附加情报、项目定位、执行、将工作融入公司整体中）	荷兰能源公司（Eneco），联合利华（Unilever），桑坦德银行（Santander），西班牙对外银行（BBVA）
利用关键绩效指标（KPI）衡量内外部协同力	关键绩效指标 内外部成功指标 企业传播指标 衡量内外部传播在建立内外协同力所做的贡献	诺华（Novartis），荷兰皇家电信（KPN）

巴西石油：来自巴西的案例研究

巴西石油公司在过去十年间聚集了众多利益相关方协作力，直接或间接又或是不经意地遵循诸多协同基础要素。这个来自巴西的巨头如今以 1830 亿美元的收益雄踞世界 12 大能源公司榜单，业务遍及世界 30 个国家。其公司目标为：在 2020 年成为世界前五名的综合能源公司。尽管作为一家可以公开买卖的公司，巴西石油公司的大股东依旧是巴西政府，考虑到公司起初是为巴西人民而创立的，这也合情合理。即便没有世界杯巴西国家队一般受人爱戴，巴西石油公司也激发了巴西人民非比寻常的民族自豪感。

巴西石油公司的创立极具历史责任感，它诞生于 19 世纪 40 年代末的一场由民族主义者发起的、以"石油是我们的"为旗号的声势浩大的游行。在获得来自结盟双方和国会在野党的共同支持后，公司正式成立于 Gerulio Vargas 总统统治的 1953 年。自成立之日起，巴西石油即被设定为代表联盟掌管巴西国内一切石油活动的垄断企业。正如《时代》杂志在 1955 年（1955 年 4 月 11 日）报道的那样，"立法禁止除巴西人以外的任何人，包括与巴西人联姻的外国人，在巴西石油公司中分一杯羹"。隐藏在巴西石油背后的国家意志在总统 Vargas 的演讲中也有所体现，"正因为它，我满怀伟大的成就感和国家骄傲感，批准这项法案。这是我们在经济独立道路上的重要里程碑"。

在 1954—1997 年间，巴西石油公司垄断了除批发分销和零售服务站外的石油和天然气产业的一切资源。在这几十年中，正如同巴西一样，巴西石油公司也经历了跌宕起伏。第一场重大的石油危机由 1973 年阿拉伯国家的石油封锁引起。这一危机终止了公司的增长，并使其濒临破产。与此同时，此次危机更抑制了被称为"巴西奇迹"的国家经济增长。1979 年见证了第二次危机，这次巴西石油公司有惊无险。随着垄断模式的终结，公司开始与外资公司及本土公司竞争，并丰满了作为国际化能源大公司的羽翼。

如今，巴西石油成为一家集开采、生产、提炼、石油天然气贸易及运输，石油化工及衍生品，电力及化工燃料，可再生能源分销为一体的综合能源公司。除本土外，巴西石油业务遍及了拉丁美洲其他 5 个国家，无论是市场份额还是收益，巴西石油都是拉丁美洲最大的公司。也许，最能代表其国际能源公司地位的就是其在西非、美国墨西哥湾和其他地区近海深水作业田的财政参与及运营参与了。

作为深海探测及作业技术的领军者，巴西石油使巴西真正实现了石油消费的自给自足。随着巴西石油探测到了位于巴西海岸线前沿 300 千米、海平面 6000 米以下，处于厚达 2000 米的地下盐层下的石油天然气存储，这种领军状态还将持续下去。所谓的"盐下油田"（pre – salt）开采对技术要求极高，巴西石油公司对于关键技术的掌握确保了巴西本国石油天然气资源的充足和经济安全。据巴西石油传播总监、企业传播计划和管理经理 Eraldo Carreira da Silva 坦言，这样的挑战既奠定了巴西石油在国际能源领域主要竞争者的地位，也增加了建立利益相关方协同的复杂性。

数项研究显示，巴西石油正处于正确的轨道之上。一项权威调查发现，巴西石油被认定为巴西最具社会责任感的企业。在声誉研究所 2011 年评选的"世界 100 家声誉最佳公司"中，巴西石油排名第 93 位，在一个传统意义上不会受到爱戴，更不用说流行的行业中脱颖而出。这是该榜单上唯一一个能源行业的企业，也是唯一一个拉丁美洲的企业。

战略、使命和不断变换的身份

显而易见，社会和能源产业这个涵盖石油、天然气、煤炭生产，为交

通运输提供能源以及提供其他石油化工产品，利用煤、天然气、核能和水
力发电的领域往往处于对立的关系。充足的能源对于人类的出行，70亿
人口的食物供应以及每个发达国家视为理所当然的光和热都是至关重要
的。然而，几乎所有传统能源都以环境污染为代价，引发温室效应、微尘
污染，或者拦河筑坝影响渔业。贫穷落后而又拥有丰富能源的国家（以
非洲国家最为突出）又很难从石油天然气资源中获益，腐败的领导人通
常会将财富据为己有，而平民自认为只是能源公司收费的对象。

图9-1 巴西石油公司的卡车

资料来源：www. petrobras. com.

　　这一领域的企业很难获得所有利益相关方的支持。争取与政府部门的
协同从而获得许可开发能源、相对不受限制地售卖能源是所有能源公司持
续永恒的诉求。主要能源企业已有能力满足国际能源需求并且财政收入稳
定，这证实了这些公司在相对充满怀疑和严苛监管的环境中在多大程度上
与部分利益相关方建立了协同关系。

图9-2 巴西石油商标

　　能源新世界的图景在巴西石油的战略和愿景中可见一斑。仅仅在 20 年前，利益相关方关注的是石油公司年报中强制手段条款后的最后一条义务条款——"员工是我们最重要的资源"。像巴西石油这样高瞻远瞩的公司，利益相关方一定会被摆在企业报告的第一句话中，其次才是石油产品、市场份额及其他有关商业的话题。

　　例如：

　　企业战略：在我们公司，全面发展、全面获利和社会责任始终是企业战略的关键词。在这三根支柱上，我们透明地构建了 2020 年的使命和愿景，对巴西和世界动态保持清晰且高度的关注。

　　使命：保持高度的社会和环境责任心，在巴西及境外采用安全且盈利的生产方式，为全球客户提供迎合其需求的产品，最终为巴西和其他巴西石油所在的国家做出贡献。

　　价值：正如战略计划所写，价值是指导战略、行动和项目的方法。它必须在商业运作中显现出来并映射出巴西石油的作风。

　　可持续发展：我们追求长远的、对经济和社会发展有所贡献的、保护我们运营区域环境健康的商业成功。

　　尊重生命：我们尊重所有形态、所有表现形式和所有境况的生命。并且在健康、安全和环境领域，我们追求卓越的表现。

　　人文和文化多样性：我们珍视与所有人和组织交往中的一切人文情怀和文化多样性。我们确保尊重差异，拒绝歧视，并提供平等的机会。

　　人：我们把人和他们的发展作为巴西石油独特的表现因素。

　　以巴西石油为傲：我们为巴西石油无论在何地都有作为而骄傲，我们为她的历史，她的成就，她可以超越一切困难的实力而骄傲。

　　有一份报告全面地介绍了巴西石油的各业务单元，从传统石油开采和精炼，到由可再生能源制造生物原料和能源。其中，第四段有以下引人注目的声明：

　　　　作为联合国全球契约（United Nation's Global Compact）的一员，为了捍卫契约原则（有关人权、劳工、环境和透明度）公司制定了其行为守则。因为其对可持续发展的承诺，巴西石油被收录在道琼斯持续发展名录之中。对于关乎社会和环境的投资来说，这一名录常被投资人作为重要参考。

以上数个案例展示了一个涵盖缓冲和谈判型战略的细致路线图。尽管回应手段也存在，但是对峙却几乎看不到。这样的全局性协同建设需要巨大的传播工作，因此巴西石油的传播团队直接向公司总裁汇报。

建立并维持内部协作力

巴西石油拥有 8 万多名员工，员工分层呈典型的跨国公司式，其文化被工程师和科学家主导。在一个主要依靠生产和提炼石油盈利的公司，水利、机械、化工、电力、土木、设计和石油工程师组成了企业的核心。但是，对于公司的成功来说，以上每一项又不比安全监察、财务、审计、贸易商、船长、钻井工人、律师、卡车司机、地质学家、IT 专家和电脑程序员重要——这里仅仅列举了维持这样一个庞大体系所需的一些部门。同时传播部门还需要一批术业有专攻的人才，如作家、艺术家、说客和那些与主导联盟成员共事的高管。

这样一个由蓝领工人、高学历的科学家、商学院毕业生等多样人群组成的劳动团体必然会体现出风格各异的文化特性。然而，正如巴西石油最初被设定为一个民族企业，它的主导整体形象应该是官僚型，同时在各独立的运营部门体现出责任型的特征。由于公司被植入了强烈的国家自豪感，这种官僚型应被员工接受和认同。协同力的建设也就应运而生。

高中心化和形式化的公司，尤其是能源公司和国有企业，都倾向于建立官僚化机制。对于一个机械指向型的公司来说，建立清晰细致的指令是很重要的，这可以帮助预测结果从而减少有损成功的运作风险。另外官僚型机制中以达成任务为目的的传播占大部分。尽管如此，认为这些是员工协同的主要驱动力还是有失公允的。

基于 RepTrak™协同力监控理论所做的研究表示，巴西石油的员工对自己公司抱有世界最高级别的认同感。确切地说，巴西石油的员工有着强烈的归属感和极高的自豪感（百分制评估中，得分高于 90 分）。那么什么样的企业能做到这一点呢？在呐喊"石油是我们的"的早期，在国家唯一的能源公司工作自然有心理上的满足。然而在今天，巴西石油对于巴西的意味更为复杂，员工对公司的认同感也随之变化。

我认为，巴西石油正在从官僚型向意义共享型组织的转变。在大多数案例中，意义共享型公司的主要特征是对公司总裁的认同。这也许也是巴西石油开始转变的原因之一，然而更重要的则是员工对企业使命和愿景的认同。与生产和售卖能源产品相比，这是更深层的话题也具有更深远的意义。公司的使命和愿景被写在官方网站上成为公司宣传的主题，并被编织进公司的每一项社区和社会活动。巴西石油为了巴西社区而存在，为了实现对社会发展做出贡献的承诺而存在。这正是意义共享型的重要特征。

然而，在不同的业务单元，意义的分享程度也不同。在高利润的生产石油部门工作的员工对于自己和公司的态度都是积极的，而因市场萎缩或政策变化而衰落的部门员工协同度不高。声誉研究所针对三个不同业务单元做了小调查，调查发现协同度只能算是中等，并不及整个企业的总协同度（我们假设巴西石油的经理已经知道了问题所在并且需要量化的证据，才有了以上的研究）。

分析过巴西石油公司所有的协同因素后，我们可以轻松地得出一个结论，即巴西石油的员工对于企业的战略目标有着极高的理解度，这也证明了巴西石油内部媒介和信息传播的高效性。与此同时，由于缺少面对面对话的机会，在某些具体业务单元员工可能会遭遇阻碍更好理解企业战略的拦路虎。然而，如果要在薄弱环节重新构建协同，这样的情报收集工作还是必不可少的。

图 9 - 3 巴西石油钻井平台

资料来源：www.petrobras.com。

事实上，其中一个部门将缺少战略性理解认定为建立员工协同的最大阻碍。其中的挑战在于如何保证处于信息层级传递最基层的员工也有机会阐述他们与公司战略和目标的关联。作为对这个挑战的回应，公司为管理生产线员工的经理们开发了传播能力及领导力的培训项目，营造更为开放的传播氛围，由此加强一线员工与企业事务间的联系并增强理解。公司还启动了"与总经理谈话"项目。该项目由员工传播部和人力资源部共同领导，在活动中，总经理每季度接见一组员工，同他们讨论对他们和对公司而言重要的议题。

这种对细节的关注很好地解释了巴西石油依靠内部协同得到了多少支持。

建立和维护外部协同

巴西石油自诩为可持续发展的能源供应商。这在巴西石油对外交流时展现的价值观声明中得到了清晰的体现，同时也与巴西民众对巴西石油的期许完美结合。然而，还有一些特性公司并没有展现出来，但是也构成了感知到的身份的一部分。通常，这样的特性与政府义务有关。

在探寻外部协作的过程中，巴西石油朝着两个方向多管齐下。第一个方向是营运。一些员工认为，公司在盐下油气项目上的努力是在拿企业声誉冒风险，如果不能践行承诺，将招致政府的不满。另外一些员工则担心重蹈英国石油公司马孔多井超深海石油泄漏事故，因为储量巨大的盐下油正是在同样的地方被发现的。

最终，为了建立离岸发展协同，将现有机会与公司的过去、现在和将来联系起来，巴西石油启动了全面的传播项目。一言以蔽之：巴西石油已造就历史，现在正在造就未来。

尽管如此，反对和潜在的威胁也会突如其来。在 2009 年，巴西参议院成立了国会调查委员会，就国家媒体所报道的有关公司管理层决策的 5 个问题进行调查。面临迅速升温的利益相关方危机，首席执行官向巴西政府和民众承诺将实现公司事务的绝对透明化，巴西石油公司传播团队创立了一个名为"事实与数据博客"的网上互动平台。

博客吸引了巴西社会关于媒体及其资源的广泛讨论，博客为各种意见留下了充分的表达空间。尽管宪法调查历时 6 个月之久，但对于巴西石油是有利的。不仅如此，这个博客自此便成了一个面向巴西全体社会的企业通道。公司员工、媒体、投资者、公众力量、供应商及伙伴，不同群体被汇入社交网络和虚拟社区之中。通过这个平台，巴西石油推出了各种话题

（比如油气市场规则问题回顾）表明立场、调动群众参与讨论。

怀抱 2020 年成为世界前五名的综合能源公司的雄心壮志，我相信巴西石油公司的各条生产线都将继续传递骄人的营运业绩，从传统石油到汽油、润滑剂，运输、分销产品，服务遍及南美的加油站。优秀的营运业绩需要坚实稳定的良好表现以赢得来自政府的许可协同，但是软实力的作用更为突出，尤其是考虑到巴西石油为巴西社会和文化所做出的贡献。

事实上，当巴西国家电影业破产，无法获得任何银行支持的时候，是巴西石油站了出来，资助影视公司在 15 年的时间内拍摄了 500 部电影，这使得巴西电影业重获新生。巴西石油社会责任感所引导的可持续发展理念是建立外部协同的明确路线图。

巴西石油公司的经济坐标轴是非常清晰的。通过缴纳营业税、特许使用金（loyalty payment）和社会贡献，巴西石油为巴西联邦政府和各州政府提供了主要的支持。它为社会直接或间接地提供工作机会，近 6 万名农民因此得以在内地半干燥贫瘠地区种植、收获用于生产生物燃料的作物。公司资助各个年龄段的教育项目，包括了为了促进"数字融入"（digital inclusion）的专业技术课程。巴西石油捍卫儿童和未成年人的一切权利，特别是在欠发达地区，以帮助儿童获得全面的身体、心理及社会发展。目前，巴西石油是巴西文化——这个融合了葡萄牙、非洲、德国、意大利和日本文化的最大支持者。

可持续发展还触及了可代替能源、环境问题和气候变化。巴西石油公司同数个水利公司协作，鼓励提高对"水"这个关键资源的管理水平。巴西石油的环境项目联合了全国各项倡议。其中一个叫作塔玛（Tamar）的项目是有关保护海龟的。通过塔玛 30 年的努力，超过 1000 万的海龟宝宝从巴西海岸线重新回到海洋中，并且这个数字还在增加中。

图 9－4　巴西石油公司塔玛（Tamar）海龟保护项目

资源来源：巴西石油公司图库，编号：24389；摄影师：André Valentim。

如果问巴西石油公司"公司最重要的利益相关方是谁?"就好像问一个母亲她最爱的孩子是哪一个。毋庸置疑，政府对公司的影响是最深远巨大的，然而我倾向认为公司领导力和员工相信他们的祖国巴西是公司最重要的利益相关方。这也是为什么RepTrak™协同力监控研究将巴西石油评为巴西最具名望公司的原因。

利用关键绩效指标评定协同力

巴西石油公司利用一系列的复杂的方法评定并监测内外部协同度，这些方法也就是关键绩效指标。内部除了针对员工的氛围研究（climate studies）和RepTrak™协同力监控外，巴西石油还有特别定制的测评工具——公司形象管理系统（Sistema de Monitoramento de Imagem Corporation，SISMICO），简单翻译成中文就是"一个检测公司形象的系统"。系统的衡量范围很广，包括公司的能量、使命、竞争力、增长、盈利、管理、道德、环境责任、社会支持、传播、社会透明度、外部定位、产品质量和技术。

对于外部，该系统和全球Rep Trak™调查一起运作。在这些关键绩效指标的共同作用下，巴西石油公司得以更好地了解利益相关方的期许和对公司的感知。同时指标还是衡量公司传播团队是否达成了其战略目标的工具。这些目标包括：提升巴西石油公司的声誉，创建并稳固公众利益和公司之间的信任纽带，赢得利益相关方对于巴西石油在盐下油气新政策方面的立场的理解和支持。

为了建立对开采和生产盐下油气的支持，巴西石油公司首席执行官Joes Sergio Gabrielli参与了若干项不同的公关活动。其中包括在演讲厅对所有员工发表讲话，同时通过网络直播全国；给所有员工写的"来自总裁的一封信"；发表在巴西石油杂志的文章；在全球范围内举行的新闻发布会以及参加有政府代表和意见领袖出席的国际展会和国内峰会。关键绩效指标的数值很好地展现了传播的强大力量，巴西石油公司的领导将会继续推行高度透明政策并积极鼓励利益相关方的参与。

真正的协同力

协同力被定义为：公司与其重要利益相关方之间达成的互利关系，这一关系助力企业完成规划，实现目标。这样的关系仅仅在双方都可以在相对公平的范围内长期获利的情况下才能存在。鉴于许多公司尤其是大公司的力量，公司常常忽视他们可以依赖的内外部利益相关方的程度。

如果说本书中有什么可以汲取的核心观念，那就是"世事无绝对"。除此之外，没有事前事后地考量一系列的看法，哪个公司都不能随随便便就开始调动内外部利益相关方的参与。声誉和信任是蛛丝，但是要织就蛛网还需要目光敏锐的观察者和冷静的律师的介入。无论公司声望多高，领导都应该时刻提醒自己不过是脆弱的人类，无论多么聪明、有天赋、幸运，都不是全能的战无不胜的力量。

汉斯·克里斯蒂安·安徒生的短篇故事《皇帝的新衣》就是一个很好的比喻，这个寓言故事家喻户晓。有一个自负的皇帝，他除了自己的穿着，什么都不关心。他雇用了两个裁缝为他做史上最好的衣服。而事实上这两个裁缝是骗子。裁缝对皇帝说自己将用一种特殊的衣料，配不上他地位的人和彻头彻尾的大笨蛋是看不到的。皇帝也没有看到自己的衣服，但是，他害怕被人知道自己不聪明，于是假装称赞他的衣服很美。而他的大臣，由于害怕惹皇帝生气，即使看不到这件衣服，也纷纷夸奖。

换句话说，在皇帝所统治的朝廷上，没有人有勇气讲出事实。而对于那些喜欢报喜不报忧的，对员工的反对意见充耳不闻的管理者来说，情况是一样的。

国王毫不知情地赤裸着在队伍中游行，一个小朋友喊出了国王没有穿衣服这个事实。毕竟小孩子没有顾虑能坦诚地说出所见到的事实。接着，其他人也喊起来。当国王开始惧怕并且怀疑人们说的是事实的时候，骄傲令他挺起脊梁，继续游行。

"我将以侮辱国王名誉的名义逮捕你。"

在《皇帝的新衣》第一版中，安徒生试图将人群描写成静静地赞美这件不存在的衣服。关于他为什么改动故事有很多说法。其中一个说法则是安徒生希望表达他儿时在人群中静候弗雷德里克六世的经历。当国王出

"我将以侮辱国王名誉的名义逮捕你"

图9－5　皇帝的新衣

现时，安徒生大喊："噢，他也只是一个普通人而已。"安徒生的妈妈尴尬地试图让他安静下来，但是，这个时候将君主作为讽刺和嘲笑目标的主意就在安徒生脑海中产生了。

同样，学术领域的专家也不该过分嘉奖"著名"的公司。我们敬仰他们对于建立于企业内外、于社会都有意义的内外部协同所做的努力。但是，经济、社会生活瞬息万变，我们不能因此称赞国王并不存在的衣服。所有的公司都会面临起伏，一些公司回报大于付出，但是所有公司都会走在一条险象环生的道路上。

传播专家精心谱写的传播交响曲对构建利益相关方对公司的认同意义重大，利益相关方可能因此成为公司的信徒而不是敌人。高层支持传播专家接下这块烫手山芋也会从中获益。当传播专家领会到本书核心思想的时候，他们将被主导联盟所接纳，这个核心思想就是：企业传播首先是企业的，而后是传播。

注释：

1. B. Saporito、M. Schuman、J. R. Szczesny、A. Altman：《被束缚的丰田》，《时代周刊》2010年第2期。

2. 维基百科：http：//en. wikipedia. org/wiki/The＿ Emperor's＿ New＿ Clothes（访问于 2010 年 2 月 22 日）。

主要术语中英文对照

10:6:2 rule	10:6:2 法则
accountability, *see* overall organizational identity traits	责任型，见企业整体身份特性
acid test	定性测验
additional intelligence	附加情报
advocacy group	倡议团体
agenda – setting	议题设定
aided awareness test	"提示知名度" 测试
arbitration	仲裁
aware	意识
awareness	认知度
balance scorecard	平衡计分卡
bandwagon effect	从众效应
bandwidth	范围
behaviour, *see* supportive employee behavior	行为，见员工支持性行为
benchmark	基准
bounded awareness	有限认识
BRIC countries	金砖四国
Buffering	缓冲
by Monsanto	孟山都使用的缓冲技巧
by Unilever	联合利华使用的缓冲技巧
building alignment	构建协同
bureaucracy, *see* overall organizational identity traits	官僚型，见企业整体身份特征
C – suite	公司决策层
cascading	逐级传递
centrality	中心性
centrality traits	中心性特性
climate of silence	沉默氛围
coaching employees	指导员工

续表

commitment	承诺
competitive pressure	竞争压力
confrontation	对峙
applied by Unilever and Monsanto	联合利华和孟山都使用的对峙策略
building blocks to external alignment	为建立外部协同打下基础
confrontation – focused techniques	聚焦于对峙的技巧
techniques for creating internal alignment	创造内部协同的技巧
consensus	共识手段
applied by Unilever and Monsanto	联合利华和孟山都使用的共识手段策略
method	方法
consultation	商议
consulting	商谈
continuity traits	连贯性特性
corporate brand building blocks	企业品牌营销基础
emotional carrier	情感载体
rational carrier	理性载体
visual carrier	视觉载体
corporate branding	企业品牌营销
corporate communication	企业传播
intelligence	情报
program	项目
corporate positioning	企业定位
silence	沉默
story	故事
crisis communication	危机公关
culture	文化
customers	客户
dashboard	仪表板
desired identity	向往性的身份特征
desired organizational identity, *see* specific identity traits	向往性的组织身份特征，见具体身份特性
dialogue	对话
distinctiveness traits	区别特性
dominant coalition	主导联盟
logic	逻辑
double – edged sword	双刃剑

续表

early warning system	早期预警系统
emperor's new clothes	皇帝的新衣
employee alignment	员工协同
attitudes and behaviours	态度和行为
communication	传播
engagement	参与度
silence	沉默
EPOS narrative structure	史诗叙述结构
European Union	欧盟
evaluating	评估
excellence in organizational performance	卓越组织表现
execution	执行
external alignment	外部协同
external context fact sheet	外部相关事实表单
external intelligence	外部情报
external stakeholders	外部利益相关方
Financial Times/PwC European ranking	《金融时报》或普华永道欧洲排行
formal communication	正式传播
Fortune magazine—most admired companies	《财富》杂志——最受赞赏公司
foundations of corporate communication	企业传播基础
Frankenfood	弗兰肯食物
Frankenstein, Dr.	弗兰肯斯坦博士
Friends of the Earth	地球之友
Gallup	盖洛普
Q12	Q12
General Electric (GE)	通用电气
Ecomagination advertisement	绿色创想广告
genetically modified food	转基因食品
gestalt	格式塔
GM crops	转基因粮食
GM food	转基因食品
grapevine communication	小道消息
Green Revolution	绿色革命
Greenpeace, *see also* Brent Spar	绿色和平组织，见布伦特·史帕尔

续表

hard – wired tools	硬性措施
herd mentality	从众心理
holistic identities	整体身份
identity traits, *see* overall identity traits	身份特性，见整体身份特性
Ideology, *see* overall organizational identity traits	意识形态型，见企业整体身份特性
in – group	组织内
informal consultation, *see* consultation	非正式商议，见商议
intelligence – gathering	情报收集
interlocking directorates	连锁指挥
internal communication processes	内部传播过程
climate	氛围
contents	内容
flow	传递流
structure	结构
internal intelligence	内部情报
internet bubble	互联网泡沫
investor relations	投资者关系
issue life cycle	问题生命周期
entering the agenda	进入议程
legislation	立法
litigation	诉讼
political disputes	政治辩论
issue management	问题管理
issue scanning	问题扫描
JAM sessions	即兴大讨论
job satisfaction	工作满意度
joint venture	合资企业
key account management	大客户管理
key performance indicators（KPIs）	关键绩效指标
lateral communication	侧向传播
license to operate	运营许可
line communication	直线传播
lobbying	游说

续表

managerial efforts	管理工作
capability development	能力开发
informing	告知
motivating	激励
tracking and tracing results	追踪跟进结果
marketing communications	市场传播
media and messages	媒体和信息
mediation	冥想
mirroring	回应手段
applied by Unilever and Monsanto	联合利华及孟山都使用的回应手段策略
definition	定义
techniques	技巧
mixture	混合
monolithic trend	单一式
monopoly	垄断
Monsanto	孟山都
pledge	请求
motivating efforts, *see* managerial efforts	激励工作，见管理工作
multiple identities	多重身份
narrative structures	叙事结构
negotiation	谈判型
applied by Unilever and Monsanto	联合利华及孟山都使用的谈判型策略
strategies	策略
techniques	技巧
Net Promoter Score（NPS）	净推荐值
Non – governmental organization（NGO）	非政府组织
normative approach	规范式路径
one – way communication	单项传播
openness	开放
organization of the communication function	传播职能组织
organization – dominated associations	企业导向型组织
organizational silence	组织沉默
out – group	组织外
overall identity characteristics	整体身份特征

overall organizational identity traits	企业整体身份特性
accountability	责任型
bureaucracy	官僚型
ideology	意识形态型
shared meaning	意义共享型
Oxfam	乐施会
parallel media	平行媒体
participation	参与
perceived identity	感知到的身份特征
perceived organizational identity, *see* specific identity traits	感知到的组织身份特征，同见具体身份特性
performance tracking tools	业绩追踪工具
Philips	飞利浦
cascading trap	层级障碍
case study	案例研究
One Philips	一个飞利浦
Sense and Simplicity	精于心，简于形
vision	愿景
position paper	意见书
positioning, *see also* corporate positioning	定位，同见企业定位
power play	高压手段
product – dominated associations	产品导向关系
projected identity	展示出的身份特征
projected organizational identity, *see* specific identity traits	展示出的企业身份特征，见具体身份特性
public affairs	公共事务
public opinion	公共舆论
Public Opinion Quarterly	《舆论季刊》
public relations	公共关系
pulse score	脉动指数
raison d' etre	存在理由
rational approach	理性路径
recognition & reward	认可和奖励
RepTrak Alignment Monitor	RepTrak™协同力监控
RepTrak Model	RepTrak™模型
Global Pulse Study	全球脉动指数调查

续表

reputation	声誉
Reputation Management Implementation Scheme (RMI – scheme)	企业声誉管理实施框架
reputation research	声誉研究
Reputation Institute	声誉研究所
roadmap	路线图
rules & directives	规章与指导
Santander corporate handbook	桑坦德企业手册
self – categorization	自我归类
self – determination	自决权
self – efficacy theory	自我效能理论
self – enhancement	自我强化
sense of belonging	归属感
shared meaning, see overall organizational identity traits	意义共享型，见企业整体身份特征
Sierra Club	山岳协会
social context	社会情境
social media	社交媒体
soft – wired tools	软性措施
Soviet Union	苏联
specific identity traits	具体身份特性
desired organizational identity	向往性的组织身份特征
perceived organizational identity	感知到的组织身份特征
projected organizational identity	展示出的组织身份特征
specific intelligence	具体情报
specific organizational identity traits, see specific identity traits	企业具体身份特征，见具体身份特性
spiral of silence	沉默的螺旋
stakeholder beliefs	利益相关方看法
starting points in creating alignment	建立协同的出发点
starvation	饥荒
strategic alignment monitor, see RepTrak Alignment Monitor	战略协同监控，见 RepTrak™ 协同力监控
strategic objectives	战略目标
supportive employee behaviour	员工支持行为

续表

synergy	协同效应
techniques for creating internal alignment	内部协同的建立技巧
thought leadership	思想领袖
tone of vice	说话语气
Top of Mind Awareness（ToMAC）	品牌知名度
top – down	自上而下
total stakeholder support	利益相关方全面支持
touch point workshops	接触点工作室
town – hall	市政厅式
tracking & tracing	追踪跟进
tracking alignment	追踪协同度
tracking engagement	追踪参与度
training	培训
triple – A model	3A 模型
abilities	能力
accomplishments	成就
activities	活动
two roles of corporate communication	企业传播的两种作用
two – way dialogue	双向对话
underdog effect	劣势者效应
understanding	理解
United Nations	联合国
vertical communication	纵向传播
vision	愿景
management vision	管理愿景
WWF	世界自然基金会